halbjahresschrift
für Geschichte und Zeitgeschehen
in Zentral- und Südosteuropa

2019–2020, Band 1 und 2, 31.–32. Jahrgang

Herausgegeben von Florian Kührer-Wielach

Redaktion: Bernd Florath, Georg Herbstritt, Florian Kührer-Wielach (verantwortlicher Redakteur), Michaela Nowotnick, William Totok, Tobias Weger

www.halbjahresschrift.de

ikgs
Institut für deutsche Kultur
und Geschichte Südosteuropas
an der LMU München

Gefördert von der Beauftragten der
Bundesregierung für Kultur und Medien

Redaktion: halbjahresschrift@ikgs.de
Redaktionshinweise auf www.halbjahresschrift.de.
Für unverlangt eingegangene Manuskripte wird keine Haftung übernommen.
Die namentlich gezeichneten Beiträge geben die Meinung der Autorinnen und Autoren wieder.

Bestellung, Vertrieb und Abonnentenverwaltung: verlag@ikgs.de
Preis des Heftes: 12,– € zuzüglich Porto- und Versandkosten;
Bankverbindung: IKGS München, Stadtsparkasse München,
IBAN: DE23 7015 0000 0907 2714 07, BIC: SSKMDEMM
Kündigung des Jahresabonnements nur schriftlich bis 1.10. zum Ende des jeweiligen Kalenderjahres.

Impressum

Institut für deutsche Kultur und Geschichte Südosteuropas
an der Ludwig-Maximilians-Universität München / IKGS Verlag
Halskestraße 15, D-81379 München
Telefon: +49 (0) 89 780609-0, ikgs@ikgs.de
www.ikgs.de
www.halbjahresschrift.de

Umschlaggestaltung: Hans Peter Schuster/IKGS
Layout und Satz: Hans Peter Schuster/IKGS
Druck und Bindung: BoD – Books on Demand, Norderstedt
Printed in Germany 2022

ISSN 2700-8495
ISBN 978-3-942739-00-9

Inhaltsverzeichnis

Editorial

Sehr geehrte Leserin, sehr geehrter Leser der *Halbjahresschrift*,

noch befinden wir uns in der „Aufholphase" nach der Übernahme der *Halbjahresschrift* durch das Institut für deutsche Kultur und Geschichte Südosteuropas an der LMU München (IKGS). Nachdem wir die Doppelausgabe 2017/2018 als erstes vom IKGS verantwortetes Heft im vergangenen Jahr publizieren konnten, stehen nun gleich zwei weitere an: das Doppelheft 2019/2020, das Ihnen hier vorliegt, und die Ausgabe mit den beiden Heften des Jahres 2021, das in wenigen Wochen folgen wird. Den Inhalt beider Bände können Sie auch Online auf unserer Website www.halbjahresschrift.de im Volltext abrufen.

Die vorliegende Ausgabe wird unserer Absicht, eine breites thematisches und räumliches Spektrum abzudecken, in besonderer Weise gerecht: Björn Opfer-Klinger widmet sich der Rolle Bulgariens im Zweiten Weltkrieg, Agnes Tóth der stalinistischen Nationalitätenpolitik in Ungarn. Unser Redaktionsmitglied William Totok stellt den vierten Teil seiner auf Forschungen im rumänischen Securitate-Archiv basierenden Reihe „Ambivalente Lebensläufe" vor. Und Bernd Florath verdanken wir den zweiten Teil der Quellenedition von Stasi-Akten über die Lage der ČSSR im historischen Jahr 1968.

Dr. Florian Kührer-Wielach
Herausgeber

Björn Opfer-Klinger, Leipzig

Bulgariens Rolle im deutschen Bündnissystem des Dreimächtepaktes 1941–1944

Mit dem Beitritt zum Dreimächtepakt am 1. März 1941 trat die Königsdiktatur Bulgarien offen an der Seite der Achsenmächte in den Zweiten Weltkrieg ein. Sie reihte sich somit in das Bündnis zwischen Berlin und Rom sowie „kleineren" Staaten wie Ungarn oder wenig später der Slowakei, Rumänien und Finnland ein. Allerdings nahm Bulgarien eine gewisse Sonderrolle unter diesen, mit den Achsenmächten kollaborierenden Staaten ein. So wechselte Bulgarien 1944 wie zuvor Italien und Rumänien auf die Seite der Alliierten, und in der bulgarischen Erinnerungskultur zementierte sich nach dem Zweiten Weltkrieg das nationale Eigenbild als „Retter der bulgarischen Juden" vor der deutschen Vernichtungspolitik. Nicht ohne Grund bezeichneten Historiker wie Hans-Joachim Hoppe Bulgarien als „Hitlers eigenwillige[n] Verbündete[n]"[1]. Bis heute gehen deshalb die Deutungen zum Charakter des bulgarischen Bündnisses mit den Achsenmächten auseinander. Erschwerend kommt hinzu, dass viele vertiefende Detailstudien, beispielsweise zu den zentralen politischen und gesellschaftlichen Akteuren, Organisationen und Behörden in Bulgarien in der Zarendiktatur von Boris III., nach wie vor ausstehen.

Bulgarien und Deutschland – seit dem Ersten Weltkrieg in Waffenbrüderschaft verbunden?

Das Zarenreich Bulgarien zählte zu Beginn des Ersten Weltkrieges zu den ambitionierten, aufstrebenden Staaten Südosteuropas, mit dem Ziel, eine regionale Großmacht zu werden. Aus deutscher Perspektive hatte Bulgarien für die deutsche Außenpolitik zu dieser Zeit nur wenig Bedeutung. Der Fokus der deutschen Politik lag stärker auf Rumänien und Griechenland beziehungsweise in zunehmendem Maße

1 Hans-Joachim Hoppe: Bulgarien – Hitlers eigenwilliger Verbündeter. Eine Fallstudie zur nationalsozialistischen Südosteuropapolitik. Stuttgart 1979.

auf dem jungtürkisch regierten Osmanischen Reich. In Bulgarien herrschte zwar mit Ferdinand I. von Sachsen-Coburg-Gotha eine deutsche Dynastie, jedoch bestand deswegen kein inniges Verhältnis zwischen Berlin und Sofia. Eine wachsende Zahl von Bulgaren studierte in Deutschland, insbesondere in Leipzig und Halle. Besonders in Technik und Agrarökonomie galt das Deutsche Reich als Vorbild. Trotzdem übten Frankreich und Russland eine viel größere kulturelle Anziehungskraft auf die bulgarischen Eliten aus.[2] Erst der Erste Weltkrieg führte zu einem Zweckbündnis zwischen dem Deutschen Reich und Bulgarien. 1915 drohte eine Niederlage des Osmanischen Reiches, das seit Herbst 1914 an der Seite Deutschlands und Österreich-Ungarns kämpfte. Um dieses zu stützen und damit die langfristigen Interessen im Nahen Osten zu schützen, benötigte das Deutsche Reich eine direkte Landverbindung durch Südosteuropa und somit die Unterstützung Bulgariens. In Sofia regierte zu dieser Zeit eine bürgerlich-liberale Regierungskoalition. Diese sah die Chance auf eine Revision der Friedensverträge von 1913 – nach dem verlorenen Zweiten Balkankrieg. Da ein Bündnis mit dem Deutschen Reich größeren Nutzen versprach, trat sie im Sommer 1915 auf Seite der Mittelmächte in den Krieg ein. Auch wenn in den folgenden drei Jahren intensiv die deutsch-bulgarische Waffenbrüderschaft propagiert wurde, blieb das gegenseitige Verhältnis ein reines Zweckbündnis. 1917/18 mehrten sich sogar auf bulgarischer Seite die Antipathien. Bulgarische Militärs und Politiker sahen sich zu wenig von Deutschland in den eigenen Expansionsinteressen, in der schwierigen Versorgungslage und in den Kämpfen an der Saloniki-Front unterstützt. Gegen Ende des Krieges richtete sich dieser Unmut sogar innerhalb Bulgariens gegen den Zaren Ferdinand selbst.[3] Nach der Niederlage 1918, der Abdankung Zar Ferdinands zugunsten seines Sohnes Boris und dem harten Frieden von Neuilly-sur-Seine erreichte das deutsch-bulgarische Verhältnis einen Tiefpunkt. Trotzdem emigrierten viele ehemalige bulgarische Führungskräfte, darunter Zar Ferdinand, aber auch Militärs wie der Oberbefehlshaber General Nikola Žekov, 1918/19 nach Deutschland, da sie fürch-

2 Oliver Stein: Die deutsch-bulgarischen Beziehungen seit 1878. In: Zeitschrift für Balkanologie 47 (2011) H. 2, S. 218–240, hier: S. 222.

3 Nikola Nedeff: Les opérations en Macédoine l'épopée de Doïran 1915–1918 [Die Operationen in Makedonien, das Heldenepos von Doiran 1915–1918]. Sofia 1927, S. 211–214; Stilijan Nojkov: Waffenhilfe des österreichisch-ungarischen Armeeoberkommandos für das bulgarische Heer nach dem Durchbruch der bulgarischen Verteidigungsfront in Makedonien. In: Miscellanea Bulgarica 12 (1998), S. 55–58, hier: S. 55.

teten, als Kriegsverbrecher vor Gericht gestellt zu werden. Auf diese Weise blieben gegenseitige Kontakte im militärischen und rechtsnationalen Spektrum bestehen. Dies galt auch für die universitären Beziehungen. Zwar blieb Frankreich weiterhin das kulturelle Vorbild für die gesellschaftliche Oberschicht Bulgariens, jedoch stieg nun die Zahl bulgarischer Studenten an deutschen Universitäten an. Viele von ihnen sollten später während des Zweiten Weltkrieges wichtige Funktionen in ihrem Land einnehmen. Dazu zählten Ivan Bagrjanov und Aleksandăr Belev.[4] Beide spielten in der späteren Kollaborationspolitik Bulgariens eine nennenswerte Rolle. Seit Ende der 1920er-Jahre wurde die deutsche Studentenschaft immer deutlicher von der nationalsozialistischen Ideologie beeinflusst. Inwieweit sich dies auch auf die bulgarischen Gaststudenten und damit auf die spätere akademische Elite Bulgariens auswirkte, ist jedoch noch ein wissenschaftliches Desiderat.

Sicher ist, dass bereits früh persönliche Kontakte zwischen Akteuren der rechtsnationalistischen und faschistischen Organisationen in Bulgarien und Deutschland entstanden. Beispiele dafür waren Ivan Dočev und General Christo Lukov, Führer der Săjuz na Bălgarskite Nacionalni Legioni (Bund der nationalen bulgarischen Legionäre); aber auch die Gründer der faschistoiden Organisationen Otez Paisij (Vater Paisij[5]) und Ratnici (Kämpfer), Asen Kantardžiev und Petăr Gabrovski, waren darunter.[6]

Das Hauptaugenmerk der bulgarischen außenpolitischen Beziehungen richtete sich bis in die 1930er-Jahre dennoch überwiegend auf Frankreich, Großbritannien und Italien.[7] Dies änderte sich erst infolge der verheerenden Auswirkungen der Weltwirt-

4 Zu Ivan Bagrjanov siehe: Tašo Tašev: Ministrite na Bălgarija 1879–1999 [Die Minister Bulgariens 1879–1999]. Sofija 1999, S. 41f.; Michail Gruev: Pre orani slogove. Kolektivicazija i sozialna promjana v bălgarskija severozapad 40-Te–50-Te godini na XX vek [Kollektivierung und sozialer Wandel im bulgarischen Nordwesten in den 1940er- und 1950er-Jahren]. Sofija 2009, S. 45.

5 Paisij von Hilander (1722–1773) war ein bulgarisch-orthodoxer Mönch, Geschichtsschreiber und gilt als einer der ersten Verfechter der Bulgarischen Nationalen Wiedergeburt. Nach ihm benannte sich die 1927 gegründete nationalistische Organisation Allbulgarische Allianz Otez Paisij.

6 Werner Haas: Europa will leben. Die nationale Erneuerungsbewegung in Wort und Bild. Berlin 1936, S. 81–88; Nikolaj Poppetrov: Flucht aus der Demokratie. Autoritarismus und autoritäres Regime in Bulgarien 1919–1944. In: Erwin Oberländer (Hg.): Autoritäre Regime in Ostmittel- und Südosteuropa 1919–1944. Paderborn 2001, S. 379–402.

7 Die bulgarischen Beziehungen zum faschistischen Italien sind noch nicht Inhalt einer umfassenden Studie geworden. Zwar heiratete Zar Boris III. 1930 eine Tochter des italienischen Königs Viktor Emanuel III., doch blieb das Verhältnis zu Mussolini eher distanziert. Cristina Siccardi: Giovanna di Savoia. Dagli splendori della reggia alle amarezze dell'esilio [Johanna von Savoyen. Von der Pracht des Palastes zur Bitterkeit des Exils]. Milano 2001, S. 177–180.

schaftskrise, die Bulgarien in dramatische Schwierigkeiten stürzte. Gleichzeitig propagierte aber in Deutschland der 1931 gegründete und zunehmend einflussreiche industrielle Lobbyverband Mitteleuropäischer Wirtschaftstag das Ziel, möglichst ganz Südosteuropa zu einem wirtschaftlichen Ergänzungsraum für die Bedürfnisse der deutschen Industrie werden zu lassen. Auch wenn dabei die rohstoffreicheren Staaten Jugoslawien und Rumänien klar im Vordergrund standen, betraf diese Außenhandelspolitik auch Bulgarien. Dieses stand infolge seiner hohen Staatsverschuldung vor der Zahlungsunfähigkeit. Der 1932 abgeschlossene deutsch-bulgarische Handelsvertrag bot ihm die einzige realistische Chance, seinen Außenhandel wiederzubeleben. Dies lag nicht zuletzt an dem angewandten Clearing-Verfahren, welches ohne Devisenzahlungen auskam und den Wert der ausgetauschten Waren gegenseitig verrechnete.[8] Bis Ende der 1930er-Jahre entwickelte sich das Deutsche Reich zum mit Abstand wichtigsten Handelspartner und zahlte durch den devisenfreien Warenaustausch Bulgarien bessere Preise, als dieses auf dem Weltmarkt möglich gewesen wäre. 1939 wurden rund zwei Drittel des Im- und Exports mit Deutschland abgewickelt, was eine Verdreifachung gegenüber dem Jahr 1930 darstellte.[9] Dabei entwickelte sich ein Ungleichgewicht: Die deutsche Wirtschaft importierte immer mehr südosteuropäische Rohstoffe und Agrargüter, ohne aber im gleichen Wert eigene Waren dorthin zu exportieren. Dadurch verschuldete sich das Deutsche Reich immer stärker gegenüber Bulgarien und den anderen südosteuropäischen Staaten.[10]

Die ökonomische Verflechtung der beiden Volkswirtschaften ging in den 1930er-Jahren mit der nun spürbaren Intensivierung der kulturellen Beziehungen beider Länder einher. Dies drückte sich in Gestalt einer rasch steigenden Zahl von Publikationen und Ausstellungen sowie in Austausch- und Kooperationsprogrammen aus.[11] Der langjährige deutsche Gesandte in Sofia, Eugen Rümelin, berichtete am 31. Mai 1938

8 Markus Wien: Markt und Modernisierung. Deutsch-bulgarische Wirtschaftsbeziehungen 1918–1944 in ihren konzeptionellen Grundlagen. München 2007, S. 69.

9 Andrey Piperow (Hg.): Deutsch-Bulgarische Handelskammer. Handbuch der bulgarischen Wirtschaft unter besonderer Berücksichtigung der deutsch-bulgarischen Handelsbeziehungen. Berlin 1942, S. 243.

10 Wien: Markt und Modernisierung, S. 319–324.

11 Krassimira Stoyanova: Bulgarian-German Relations. Tradition, Priorities and Perspectives. Sofia 1995, S. 48–51; Antoaneta Rimpova: Geschichte und Kultur Bulgariens in der deutschen Literatur (1878–1944). In: Bulgarian Historical Review, 13 (1985), S. 90–107, hier: S. 100f.; Zvetana Todorova: Zur Frage der bulgarisch-deutschen kulturellen Beziehungen nach 1878. In: Bulgarian Historical Review, 11 (1983), S. 85–88, hier: S. 88.

zufrieden an das Auswärtige Amt, die prodeutschen Sympathien würden im Land spürbar zunehmen. Im Falle eines Konfliktes zwischen dem Deutschen Reich und anderen Mächten wäre, so Rümelin, mit einer wohlwollenden Neutralität Bulgariens zu rechnen.[12]

Zu dieser Zeit herrschte Zar Boris III. bereits rund drei Jahre in einer weitgehend autoritären Diktatur. Boris war 1918 infolge des Rücktritts und der Emigration seines Vaters Ferdinand auf den Thron gekommen. Als Herrscher blieb er lange Zeit ein eher zurückhaltender Monarch, der nicht offen in die Politik eingriff, auch wenn er im Hintergrund besonders im konservativen Spektrum vernetzt war und Einfluss ausübte. Dies zeigte sich beispielsweise während des Putsches vom 9. Juni 1923 gegen die agrarrevolutionäre Bauernbund-Regierung von Aleksandăr Stambolijski und der nachfolgenden rechtskonservativen Regierung unter Aleksandăr Cankov. Ein Teil der Putschisten von 1923 bildete die Organisation Sveno (Kettenglied). Diese forderte die Auflösung des parlamentarischen Parteiensystems und die Umgestaltung Bulgariens in einen Ständestaat nach Vorbild des faschistischen Italiens. Derartigen Vorstellungen war auch der Zar nicht abgeneigt. Boris III. heiratete 1930 die vierte Tochter des italienischen Königs Viktor Emanuel III., Giovanna von Savoyen. Später äußerte Boris, dass er in seiner Politik auf die Erfahrung des „großen Italiens" zurückgreife, da der Faschismus „den richtigen Weg zur Rettung des Volkes" aufzeige.[13] Inwieweit dies in erster Linie guten Beziehungen zu Italien diente oder wie stark wirklich der italienische Faschismus das politische Denken von Boris III. geprägt hat, ist noch nicht eindeutig aufgearbeitet.

Die in der Sveno organisierten Offiziere putschten am 19. Mai 1934. Sie lösten das Parlament, alle Parteien und Gewerkschaften auf und bildeten eine Regierung aus Fachleuten und Offizieren. Auch die Autonomie der international gut vernetzten Universität von Sofia wurde weitgehend abgeschafft.[14] Die Verbindungen zwischen der Sveno und dem Königshof sind nicht umfassend erforscht. Sicher ist jedoch, dass die

12 Politisches Archiv des Auswärtigen Amts (i. F.: PA AA), Pol IV. 632 R 103891, Rümelin an AA [Auswärtiges Amt] 31.5.1938.

13 Das Zitat wurde von dem renommierten italienischen Kulturjournalisten Antonio Spinosa in seiner Biografie über den italienischen König Viktor Emanuel III. verwendet, ohne jedoch einen Quellennachweis anzufügen. Antonio Spinosa: Vittorio Emanuele III. L'astuzia di un re [Viktor Emanuel III. Die Raffiniertheit eines Königs]. Milano 1990, S. 294.

14 Ivan Ilčev et al.: University of Sofia St. Kliment Ohridski – The first 120 years. Translated by Maja Penčeva and Tsvetana Boteva-Wallace. Sofija 2008, S. 106–112.

Sveno-Putschisten der Zarendiktatur den Weg ebneten. Am 22. Januar 1935 stürzten königstreue Offiziere wiederum die Sveno-Regierung. Fortan regierten königstreue Kabinette aus hohen Staatsbeamten und Offizieren. Boris III. war jedoch nicht stark genug, um eine offene Diktatur mit einer neuen autoritären Verfassung zu errichten. Auch wenn zur bulgarischen Gesellschaft der 1930er-Jahre noch viele Fragen offen sind, kann doch gesagt werden, dass die gesamtgesellschaftliche und innenpolitische Lage ähnlich labil war wie in den meisten Staaten Südosteuropas. Dies ermöglichte Zar Boris mittels einer geschickten Einbindung verschiedenster Strömungen in sein Herrschaftssystem, sich als nötiger Stabilitäts- und Ordnungsfaktor darzustellen. Die Situation der weitgehend völlig verarmten klein- und mittelbäuerlichen Landbevölkerung beziehungsweise der kleinen Gewerbetreibenden blieb prekär. Die Kommunisten verfügten zwar über keine Massenbasis, waren aber über die Komintern eng mit der Sowjetunion verbunden. Unterschwellig war stets unklar, inwieweit sich die in Bulgarien weit verbreiteten prorussischen Sympathien auch auf die Sowjetunion bezogen. Die anglo- und frankophilen Liberalen und Demokraten besaßen quantitativ nur wenig Rückhalt im Land, waren aber stark im urbanen Wirtschafts- und Gesellschaftsleben vertreten. Gleichzeitig gewann die zersplitterte und untereinander zerstrittene nationalistische und faschistoide Szene an Zulauf. All diese Kräfte, inklusive mit diesen einhergehenden außenpolitischen Präferenzen, musste das Zarenregime berücksichtigen und ihnen jeweils wechselweise ein Stück entgegenkommen. Entsprechend wurde im Oktober 1937 auf Basis eines überarbeiteten Wahlgesetzes ein neues Parlament gewählt. Dies ermöglichte nur gewählten Einzelpersonen den Einzug in die Nationalversammlung, der Săbranie. Politische Parteien blieben verboten, waren aber letztlich über Einzelkandidaten fast alle mehr oder weniger im Parlament vertreten, selbst die Kommunisten.

In seiner Realpolitik bewahrte Boris III. Distanz zu den maßgeblichen Vertretern der extremen Rechten wie General Christo Lukov, die eine totalitäre Massenpartei nach italienischem oder deutschem Vorbild anstrebten. Zwar wurde Lukov zunächst noch als Kriegsminister in die Regierung eingebunden, wurde aber entlassen, als er versuchte, zu sehr Einfluss auf Stellenbesetzungen der Regierung zu nehmen und in den

Verdacht geriet, Gelder seines Ministeriums unterschlagen zu haben.[15] Boris stützte sich nach 1935 in erster Linie auf die bürgerlich-konservativen und gemäßigt nationalistischen Kräfte in den verschiedenen Sicherheitsorganen (Polizei, Geheimdienst), in der Staatsverwaltung und Teilen des Offizierskorps.[16] Nichtsdestotrotz stiegen nach und nach auch Mitglieder der faschistoiden Organisation der Ratnici unter dem Ökonomieprofessor Asen Kantardžiev in wichtige Positionen der Staatsbürokratie auf. Dies zeigte sich beispielsweise 1938, als es zu gewalttätigen Ausschreitungen gegen jüdische Geschäfte in Sofia kam, bei denen die bulgarische Polizei nur äußerst zurückhaltend einschritt.[17] Allerdings kam es anschließend zumindest teilweise zu einer strafrechtlichen Verfolgung der Gewalttäter.[18]

Von großer Bedeutung in dieser Herrschaftsstruktur war der unmittelbare Kreis von Beratern im Umfeld des Zaren. Viele dieser Vertrauten stammten aus dem rechtsnationalistischen oder dem ultraorthodoxen Milieu, wie beispielsweise sein Beichtvater Lulčo Lulčev und der Architekt Jordan Sevov.[19] Eine offenkundige Sympathie für den italienischen Faschismus oder den deutschen Nationalsozialismus lässt sich allerdings nicht eindeutig nachweisen. Auch seine Frau, Giovanna von Savoyen, zählte zu den einflussreichen Personen, galt aber auch

---

15 Christo Nikolov Lukov (1888–1943) war Mitbegründer der 1933 ins Leben gerufenen extremistischen Union der Bulgarischen Nationalen Legionäre. Er vertrat einen radikalen Antisemitismus, Nationalismus und Antikommunismus und trat für eine enge außenpolitische Anlehnung an die faschistischen Achsenmächte ein. Als Kriegsminister war er an Planungen für potenzielle militärische Konflikte mit einem der Nachbarstaaten beteiligt. Während des Krieges sprach er sich für eine direkte Teilnahme bulgarischer Truppen an der Seite der Wehrmacht im Krieg gegen die UdSSR aus. Zeitweise tauchten 1942 in Sofia Gerüchte auf, er würde von deutscher Seite als „starker Mann" gewertet, der notfalls neuer Regierungschef werden könnte, sollte Zar Boris III. eine zu antideutsche Politik betreiben. Rossitza Ivkova: Rettung und Mord in genozidalen Entscheidungsprozessen: Bulgarien 1941–1943. Bielefeld, Univ. Bielefeld, Diss., 2004, S. 66f. Am 13. Februar 1943 fiel er einem Attentat zum Opfer. Nach der Jahrtausendwende wurde er von der rechtsextremen Szene Bulgariens „wiederentdeckt". Seit 2003 veranstaltet die nationalistische Rechte des Landes den alljährlichen „Lukov-Marsch" durch die Innenstadt von Sofia. Frank Stier: Der Lukov-Marsch und die bulgarischen Nationalisten. In: Telepolis 23.2.2017, <https://www.heise.de/tp/features/Der-Lukov-Marsch-und-die-bulgarischen-Nationalisten-3633300.html>, 8.11.2021.

16 Michele Rallo: L'Epoca delle Rivoluzioni Nazionali [Die Epoche der nationalen Revolutionen]. Vol. V: Bulgaria e Macedonia (1919–1945). Roma 2004, S. 95.

17 PA AA, R 103.284, Bericht des deutschen Gesandten in Sofia vom 9.12.1938; siehe auch: David Benwenisti: Die Rettung der bulgarischen Juden 1941–1944. Sofia 1988, S. 5.

18 Esther Benbassa, Aron Rodrigue: Die Geschichte der sephardischen Juden. Bochum 2005, S. 232.

19 Hoppe: Bulgarien – Hitlers eigenwilliger Verbündeter, S. 41; Stephane Groueff: Crown of Thorns. The Reign of King Boris III. of Bulgaria 1918–1943. London 1987, S. 255–259; Petko Mangačev: Zagadkite v upravlenieto na Zar Boris III v perioda 1. III. 1941 g.–28. VIII. 1943 g. [Die Geheimnisse in der Herrschaft von Zar Boris III. in der Zeit 1.3.1941–28.8.1943]. Sofija 2015, S. 72–74.

nicht als Sympathisantin Mussolinis oder Hitlers.[20]

Boris III. war ein Mensch, der tief von den schweren Niederlagen Bulgariens im Zweiten Balkankrieg und im Ersten Weltkrieg geprägt worden war, die seinen Vater um den Thron und 1919 monarchieskeptische Agrarrevolutionäre an die Regierung gebracht hatten. Er versuchte daher stets, große Abenteuer und Risiken zu vermeiden. Entsprechend war seine Innen-, vor allem aber seine Außenpolitik von einem beständigen Austarieren der Kräfteverhältnisse und einem Lavieren zwischen den Machtblöcken geprägt. Auch deswegen berief er 1935 den erfahrenen Diplomaten und Hofmarschall Georgi Kjosseivanov an die Spitze der Regierung, der sich besonders um ein gutes Verhältnis zu den Westmächten und den Nachbarstaaten Bulgariens bemühte. Die immer engere Kooperation mit der deutschen Wirtschaft verbesserte langsam, aber bald spürbar die Situation größerer Bevölkerungskreise. Trotzdem war die Radikalisierung im rechten und linken Spektrum unübersehbar. Boris III. blieb darauf angewiesen, die inneren wirtschaftlichen Verhältnisse weiter zu stabilisieren, aber auch außenpolitisch Erfolge hinsichtlich der Revision der militärischen und territorialen Friedensbedingungen von 1919 zu erreichen. Nicht nur angesichts der engen Beziehungen der angrenzenden Staaten mit Frankreich und Großbritannien wurde klarer, dass eine solche territoriale Revision nur mit Unterstützung des Deutschen Reiches möglich war. Dieses testete selbst sehr erfolgreich die neuen internationalen Spielräume aus. Im März 1938 kam es zum „Anschluss" Österreichs und in den darauffolgenden Monaten zur Zerschlagung der Tschechoslowakei. Es dürfte in Sofia registriert worden sein, dass im Windschatten dieser Politik auch Ungarn und Polen territorial profitierten. Gleichzeitig stieg die Bedeutung Deutschlands als Handelspartner. Entsprechend erweiterten sich die Handelsbeziehungen. Deutsche Wirtschaftsunternehmen begannen darüber hinaus, gezielt in die Modernisierung für sie wichtiger Wirtschaftszweige Bulgariens zu investieren.[21] Dies stabilisierte indirekt die Stellung des Zarenregimes. Darüber hinaus gelangen diesem aber auch eigene außenpoliti-

20 Archiv der Republik Wien (AdR) NPA 525 Liasse Bulgarien 4/I–5/I, Österr. Botschaft Sofia, Zl. 27/pol. 8.4.1935 und 22.2.1936. Siehe auch: Kirill P. Doreff: Bulgarien im südöstlichen Paktsystem. Limburg/Lahn 1941, S. 87f.; Klaus Sohl: Die Kriegsvorbereitungen des deutschen Imperialismus in Bulgarien am Vorabend des Zweiten Weltkrieges. In: Jahrbuch für Geschichte der UdSSR und der volksdemokratischen Länder Europas, Band 3. Berlin [Ost] 1959, S. 91–119, hier: S. 112.

21 Wien: Markt und Modernisierung, S. 171–260.

sche Erfolge. Dazu zählte der Abschluss des Abkommens von Saloniki vom 31. Juli 1938, worin Bulgarien eine nun offene Aufrüstung ermöglicht wurde. Im Gegenzug wurde ein Nichtangriffspakt mit den Nachbarstaaten geschlossen.[22] Vorausgegangen war dem bereits im Januar 1937 ein Freundschaftsvertrag zwischen Bulgarien und Jugoslawien, welches sich zu diesem Zeitpunkt bereits wesentlich enger am Deutschen Reich orientierte.[23] Andererseits wurden mit dem wachsenden deutschen Einfluss und der innenpolitischen Schwäche besonders Frankreichs in den 1930er-Jahren die außenpolitischen Spielräume für Bulgarien kleiner. Die deutsche Diplomatie drängte auf eine engere, auch außenpolitische Anlehnung an das Achsenbündnis. Dafür traten auch immer lauter die rechtsnationalen und faschistoiden Kräfte in Bulgarien ein. Die weiterhin starke bürgerlich-liberale Opposition forderte hingegen Distanz zu Deutschland und die Pflege guter Beziehungen zu den Westmächten. Die Appeasement-Politik der Westmächte hatte indes auch Auswirkung auf die bulgarische Innenpolitik. Die ungehinderte deutsche Expansionspolitik gegenüber der Tschechoslowakei und Litauen beziehungsweise der italienische Einmarsch in Albanien, gab auch den profaschistischen Kräften in Bulgarien Auftrieb. Hinzu kamen zusätzlich die Folgen des deutsch-sowjetischen Nichtangriffspaktes vom 23. August 1939, der in Bulgarien dazu führte, dass die dortigen Kommunisten eine wohlwollende Haltung gegenüber einer Annäherung an Deutschland einnahmen. Gleichzeitig beendete der Pakt die Isolation der UdSSR im Kreis der Großmächte. Fortan trat die Stalin-Regierung wesentlich bestimmter und energischer bei der Verfolgung der eigenen außenpolitischen Ziele auf.[24]

---

22 Zeitschrift für ausländisches öffentliches Recht und Völkerrecht, Vol. 8 (1938), S. 788f., <https://www.zaoerv.de/08_1938/vol8.cfm>, 8.11.2021. Der deutsche Gesandte in Sofia, Eugen Rümelin, berichtete in diesem Zusammenhang von einer Ablehnung des Abkommen durch viele führende bulgarische Militärs. Nach deren Meinung konnte die bislang geheime Aufrüstung auch ohne das Abkommen fortgeführt werden, ohne den Schutz der demilitarisierten Zone an der Grenze zur Türkei und Griechenland aufzugeben. PA AA, Pol IV. 632 R 103891, Rümelin an AA 17.8.1938.

23 Plamen S. Zvetkov: Kolektivna sirgurnost ili neutralitet. Srednite i malkite dăržavi v evropejskata politika oktomvri 1935–mart 1938 [Kollektive Sicherheit oder Neutralität. Mittlere und kleine Staaten in der europäischen Politik Oktober 1935–März 1938.] Sofija: Cheron Press 1999, S. 117; Alberto Basciani: Un archeologo al servizio della monarchia bulgara. La parabola politica di Bogdan Filov (1940–1944) [Ein Archäologe im Dienste der bulgarischen Monarchie. Die politische Parabel des Bogdan Filov (1940–1944)]. In: Francesco Guida (Hg.): Intellettuali versus democrazia. I regimi authoritari nell'Europa sud-orientale (1933–1953) [Intellektuelle gegen Demokratie. Autoritäre Regime in Südosteuropa (1933–1953)]. Roma 2010, S. 111–157.

24 Claudia Weber: Der Pakt. Stalin, Hitler und die Geschichte einer mörderischen Allianz 1939–1941. München 2019, S. 70.

Bulgariens Politik zu Beginn des Zweiten Weltkrieges

Die Neuwahlen am 24. Dezember 1939 stärkten die prodeutschen Kräfte im Parlament. Dies führte am 15. Februar 1940 zur Ablösung des eher prowestlichen Ministerpräsidenten Georgi Kjosseivanov sowie zum Austausch vieler bulgarischer Gesandter, unter anderem in Athen und Moskau.[25] An seiner statt berief Boris III. den bisherigen Minister für Volksbildung, Bogdan Filov, der als deutschfreundlich bekannt war.[26] Der bisherige Transportminister und Führer der Ratnici, Petăr Gabrovski, erhielt nun unter Filov den wichtigen Posten des Innenministers. Damit nahm der ohnehin bereits starke Einfluss faschistoider Strömungen im Sicherheitsapparat weiter zu. Unter Gabrovski wurde im Innenministerium eine zunächst noch kleine Unterbehörde „Sektion für Judenfragen" eingerichtet. Einige Monate später brachte er das nach Vorbild der deutschen Nürnberger Rassegesetze formulierte „Gesetz zum Schutz der Nation" durch das Parlament.[27] Bulgarien begann sich damit innenpolitisch stärker nach deutschem Vorbild auszurichten.

Ein wichtiger Akteur in der Vorbereitung dieser Gesetzesmaßnahmen war Alexandăr Belev, der wie sein Protegé Gabrovski der faschistoiden Organisation der Ratnici angehörte und im Innenministerium das neue Amt des „Judenkommissars" erhielt.[28] Auch drei weitere Abteilungsleiter des Kommissariats waren Ratnici.[29] Eindeutig antisemi-

25 In der Wahl erlangten die Anhänger der Zarendiktatur 142 von 160 Sitzen. Stärkste Oppositionskraft blieben die zehn kommunistischen Abgeordneten. Dimităr Ch. Popov: Žestoki Vremena. Bălgarija 1914–2014. Tom 2: Ot Vremenna stabilnost kăm novi prevratnosti (1934–1944) [Grausame Zeiten. Bulgarien 1914–2014. Band 2: Von der zeitlichen Stabilität zu neuen Wendungen (1934–1944). Sofija 2016, S. 155; Dieter Nohlen, Philip Stöver (Hgg.): Elections in Europe: A data handbook. Baden-Baden 2010, S. 368f. Zum Gesandtenaustausch siehe: Dimităr Sirkov: Vănšnata politika na bălgarija 1938–1941 [Die Außenpolitik von Bulgarien 1938–1941]. Sofija 1979, S. 206f.

26 Erhard Forndran: Innen- und Außenpolitik unter nationalsozialistischer Bedrohung: Determinanten internationaler Beziehungen in historischen Fallstudien. Opladen 1977, S. 171f.

27 David S. Wyman, Charles H. Rosenzveig: The World Reacts to the Holocaust. London 1996, S. 264; Ivkova: Rettung und Mord, S. 37.

28 Mariana Hausleitner u. a. (Bearb.): Die Verfolgung und Ermordung der europäischen Juden durch das nationalsozialistische Deutschland 1933–1945 (Quellensammlung). Band 13: Slowakei, Rumänien und Bulgarien. Berlin 2018, S. 622.

29 Dabei ist zu beachten, dass die Ratnici zu den energischsten Kritikern der Regierung aus dem rechten politischen Spektrum zählten. Es kann vermutet werden, dass dadurch versucht wurde, die Ratnici auf diese Weise in die Königsdiktatur des Zaren einzubinden, um sie zu neutralisieren. Andererseits entstand auf diese Weise eine Bastion antisemitischer Extremisten innerhalb der Staatsbürokratie. Frederick Chary: The Bulgarian Jews and the Final Solution 1940–1944. Pittsburgh 1972, S. 56.

tische Maßnahmen waren allerdings bereits unter der Regierung Kjosseivanov seit Ende 1939 initiiert worden, auch wenn diese sich zunächst noch ausschließlich gegen ausländische Juden in Bulgarien richteten, die sich vor der nationalsozialistischen Verfolgung nach Bulgarien geflüchtet hatten. Spätestens seit Anfang 1940 richteten sich antisemitische Maßnahmen auch gegen bulgarische Juden mit griechischen oder türkischen Wurzeln. Diese wurden nun über die Grenze nach Griechenland und in die Türkei abgeschoben oder zum Verlassen des Landes per Schiff gezwungen.[30] Antisemitismus war in Bulgarien kein gesellschaftliches Massenphänomen, hatte aber seit dem Ersten Weltkrieg spürbar zugenommen.[31] Auch in diesem Bereich kam es somit zu einer Annäherung zwischen dem Deutschen Reich und der Zarendiktatur.

Zu den klaren Leitlinien der bulgarischen Diplomatie zählte seit Beginn des Zweiten Weltkrieges, jedes außenpolitische Abenteuer in Gestalt einer Kriegsbeteiligung zu vermeiden. Weiterhin wurde ein gutes Verhältnis zu allen Großmächten gesucht. Trotzdem wuchs der Erfolgsdruck auf das Zarenregime, an der begonnenen Neuordnung vieler Grenzen zu partizipieren. Dieser Erwartungsdruck seitens der bulgarischen Nationalisten stieg, nachdem der deutsch-sowjetische Nichtangriffspakt und der Beginn des Zweiten Weltkrieges eine neue Dynamik hervorgerufen hatten. Die Pariser Friedensordnung zerbrach. Zum Brennpunkt in Südosteuropa entwickelte sich dabei Rumänien, welches zu den großen Gewinnern der territorialen Nachkriegsordnung von 1919/20 gehört hatte. Es hatte sich auf Kosten Ungarns (unter anderem Siebenbürgen, Banat), Russlands (Bessarabien) und Bulgariens (Süddobrudscha) beträchtlich vergrößert. Sämtliche Anrainerstaaten strebten seitdem nach einer Revision der Grenzen des damit entstandenen Großrumäniens. Aus Perspektive bulgarischer Nationalisten gehörte die „Heimholung" der Süddobrudscha zu den Kernzielen der bulgarischen Außenpolitik. Bulgarische Flüchtlinge und Vertriebene aus der Süddobrudscha spielten in Bulgarien eine durchaus spürbare Rolle. Rumänien seinerseits verfolgte eine sehr repressive Politik gegenüber der großen bulgarischen Minderheit

30 Ana Karlsreiter: König Boris III. von Bulgarien und die bulgarische Außenpolitik 1938–1943. München, Univ. München, Diss., 2001, S. 317; Iva Arakchiyska: Kann ein Mensch dabei untätig bleiben? Hilfe für verfolgte Juden in Bulgarien 1940–1944. Berlin 2016, S. 22f. Zur Politik der Türkei hinsichtlich jüdischer Flüchtlinge aus Bulgarien siehe auch: Corry Guttstadt: Die Türkei, die Juden und der Holocaust. Berlin 2008, S. 257–260.

31 Stefan Troebst: Antisemitismus im „Land ohne Antisemitismus": Staat, Titularnation und jüdische Minderheit in Bulgarien 1878–1993. In: Mariana Hausleitner, Monika Katz (Hgg.): Juden und Antisemitismus im östlichen Europa. Berlin 1995, S. 109–125, hier: S. 117.

in der Dobrudscha.[32] Am Vorabend des Weltkrieges sondierte bereits die Regierung Kjosseivanov intensiv bei den verschiedenen Mächten deren Möglichkeiten, gegenüber Rumänien zu vermitteln – allerdings ohne Erfolg.[33] Erst nach Beginn des Krieges und der Aufteilung Polens zwischen dem Deutschen Reich und der UdSSR kam Bewegung auch in die territoriale Frage der Dobrudscha. Dies wurde gefördert durch das sowjetische Bestreben, den eigenen Einfluss an den türkischen Meerengen auszudehnen. Dies wiederum führte nunmehr erstmals zu Kompromissbereitschaft Rumäniens in der Dobrudscha-Frage, ohne aber in konkrete Ergebnisse zu münden.[34] Eine konkrete Chance schien sich zu ergeben, als die Sowjetunion am 26. Juni 1940 Rumänien ein Ultimatum stellte, die Nordbukowina und Bessarabien abzutreten. Diese Maßnahme überraschte auch die deutsche Regierung unangenehm, die ihre dortigen wirtschaftlichen Interessen gefährdet sah.[35] Es entstand die Situation, dass für die bulgarische Regierung einerseits von sowjetischer Seite und über sie auch über die innenpolitische kommunistische Opposition die drängende Ermunterung kam, ihrerseits in der Dobrudscha-Frage fordernd aktiv zu werden. Es kursierten sogar Gerüchte, die Zurückhaltung der Regierung sei ein „Verrat" an den dobrudschaner Bulgaren.[36] Gleichzeitig drängte das Deutsche Reich Sofia, Zurückhaltung zu üben.[37] Nachdem Rumänien sich gezwungen sah, am 28. Juni 1940 Bessarabien und die Nordbukowina an die Sowjetunion abzutreten, war dies automatisch auch ein Signal an die revisionistischen Kräfte in Ungarn in der Siebenbürgen- und Bulgarien in der Dobrudscha-Frage, die Schwäche Rumäniens zu nutzen. Das Deutsche Reich versuch-

32 1939 lebten etwa 366.000 Bulgaren in Rumänien; vgl. Hans-Joachim Hoppe: Die Balkanstaaten Rumänien, Jugoslawien, Bulgarien – Nationale Gegensätze und NS-Großraumpolitik. In: Erhard Forndran, Frank Golczewski, Dieter Riesenberger (Hgg.): Innen- und Außenpolitik unter nationalsozialistischer Bedrohung. Opladen 1977, S. 161–175, hier: S. 163; PA AA, Pol IV. 632 R 103891, Bericht der deutschen Außenstelle für den Außenhandel vom 17.11.1938. Siehe auch: Andrea Schmidt-Rösler: Rumänien nach dem Ersten Weltkrieg: Die Grenzziehung in der Dobrudscha und im Banat und die Folgeprobleme. Frankfurt/M. 1994, S. 112–160.

33 PA AA, Pol IV. 632 R 103891, Bericht v. Weizsäcker, Berlin 18.1.1939 und Telegramm dt. Botschaft in Warschau vom 20.6.1939.

34 Bundesarchiv Militärarchiv (i. F.: BA MA) RW 5/v. 353 Bericht der deutschen Gesandtschaft in Sofia vom 10.2.1940 und Bericht des deutschen Botschafters in Ankara vom 20.2.1940.

35 Weber: Der Pakt, S. 178f.

36 Akten zur deutschen auswärtigen Politik (i. F.: ADAP), Serie D, Bd. 10, S. 45, Bericht der deutschen Gesandtschaft in Sofia vom 29.6.1940.

37 ADAP, Serie D, Bd. 10, S. 32, Bericht des Leiters der politischen Abteilung im Auswärtigen Amt, Ernst Woermann, vom 27.6.1940.

te vermittelnd einzuwirken, um den eigenen Einfluss in der Region halten zu können. Auch Italien bemühte sich, als Akteur aufzutreten. Beide Achsenmächte schalteten sich damit ein. Es kam sowohl zu Verhandlungen Rumäniens mit Ungarn als auch mit Bulgarien. Im so genannten Zweiten Wiener Schiedsspruch musste Rumänien am 30. August 1940 der Abtretung großer Gebiete an Ungarn zustimmen. Im Vertrag von Craiova vom 7. September trat es das südliche Drittel der Dobrudscha an Bulgarien ab. Verbunden damit war ein bulgarisch-rumänischer Bevölkerungsaustausch. Bei der Gelegenheit wurde auch die Aussiedlung der Dobrudscha-Deutschen im Rahmen der Aktion „Heim ins Reich" vereinbart.[38]

Der deutsche Einfluss in Bulgarien nahm dadurch weiter zu. Weitere einschneidende Ereignisse waren bereits zuvor die Kapitulation Frankreichs am 22. Juni 1940, der Kriegseintritt Italiens auf der Seite Deutschlands und der Beginn der Luftschlacht über England als Vorbereitung für eine deutsche Invasion auf den britischen Inseln. Andererseits bemühte sich auch die Sowjetunion, ihren Einfluss in Bulgarien auszubauen, was auch den Kommunisten im Land Auftrieb gab.[39] Der außenpolitische Spielraum des vorsichtigen Boris III. wurde immer kleiner. So sehr sich teilweise die Zarendiktatur am italienisch-faschistischen Staatsmodell orientierte und sich außenwirtschaftspolitisch immer enger mit dem Deutschen Reich verbunden hatte, so war ihm doch nicht an einer Dominanz der prodeutschen, radikalnationalistischen und faschistoiden Kräfte gelegen. Auch wenn dies mit Quellen nach aktuellem Forschungsstand nicht eindeutig zu belegen ist, dürfte ihm die klägliche politische Rolle seines Schwiegervaters, des italienischen Königs Viktor Emanuel III., zusätzlich ein abschreckendes Beispiel gewesen sein. Boris III. selbst prägte den Ausspruch: „Meine Armee ist prodeutsch, meine Frau Italienerin, mein Volk prorussisch, und ich bin als einziger in diesem Land probulgarisch."[40] Allerdings dürfte damit auch ein berechnendes Maß an Koketterie als zentrale vermittelnde Kraft in seinem Land verbunden gewesen sein. Der ohnehin geschrumpfte außenpolitische Spielraum reduzierte sich zusätzlich, als am 28. Oktober 1940 italienisch-albanische Truppen Griechenland überfielen. Zehn Tage zuvor hatte Mussolini ein gemeinsames Vorgehen gegen Griechenland vorge-

38 Schmidt-Rösler: Rumänien nach dem Ersten Weltkrieg, S. 164–168.

39 Andrew Zapantis: Greek-Soviet Relations, 1917–1941. New York 1982, S. 390f.

40 Hoppe: Bulgarien – Hitlers eigenwilliger Verbündeter, S. 44.

schlagen, was aber Boris III. abgelehnt hatte.[41] Der Versuch Mussolinis, im Schatten des deutschen Eroberungskrieges den eigenen Machtbereich in Südosteuropa zu erweitern, hatte vielfältige Folgen. Aus deutscher Perspektive war für Südosteuropa die Rolle als Versorgungsraum für kriegswirtschaftlich unverzichtbare Rohstoffe vorgesehen. Die Balkanländer sollten eng an das Deutsche Reich gebunden werden. Angesichts der ungewissen Ambitionen der UdSSR in der Region besetzten deutsche Truppen am 12. Oktober 1940 die wichtigen rumänischen Erdölfelder bei Ploieşti. Mit dem italienischen Überfall auf Griechenland drohte nun die ganze Region unmittelbar in den Krieg hineingezogen zu werden. Tatsächlich entsendete Großbritannien in Reaktion auf den italienischen Angriff Luftwaffeneinheiten der Royal Air Force nach Griechenland und später auch Bodentruppen nach Kreta und in die Region Athen. Die britische Luftwaffe kam damit in Reichweite der rumänischen Erdölfelder. Spätestens als der italienische Angriff Mitte November 1940 zum Stillstand kam und eine griechische Gegenoffensive begann, drohte ein Eingreifen der deutschen Wehrmacht. Dies wiederum widersprach sowjetischen Interessen, da dadurch deutsches Militär in die Nähe der türkischen Meerengen gekommen wäre. Diese sah aber die Stalin-Regierung als ihre eigene Einflusszone an.[42] Inwieweit Stalin wirklich 1940 glaubte, Bulgarien eng an sich binden zu können, ist umstritten. Viele sowjetische Akten zu diesem Thema sind weiterhin nicht zugänglich. Als sicher kann aber angenommen werden, dass der sowjetische Außenminister Vjačeslav Molotov derartige Ansprüche gegenüber Bulgarien in seinem Treffen mit dem deutschen Außenminister Joachim von Ribbentrop und Adolf Hitler am 12. November in Berlin als Druckmittel nutzte. Die deutsche Außenpolitik versuchte in dieser Zeit, eine Verschiebung der sowjetischen Expansionspolitik von Europa auf Südasien zu erreichen. Stalin beharrte jedoch auf Finnland als Einflussgebiet und umwarb gleichzeitig offen Bulgarien.

Boris III. war in dieser Situation bemüht, sich weiterhin alle Optionen offenzuhalten und nicht in ein festes Bündnis hineingezogen zu werden. Zu diesem Zeitpunkt hielt er durchaus noch einen britisch-deutschen Kompromissfrieden unter Vermittlung der USA für möglich. Dies hätte wieder ein größeres Mächtegleichgewicht in Europa

41 MacGregor Knox: Mussolini Unleashed 1939–1941. Politics and Strategy in Fascist Italy's Last War. Cambridge 1986, S. 218f.

42 Heinz Höhne: Der Weg im Dunkeln. Die deutsche und russische Spionage. München 1985, S. 335.

und damit den Rahmen für eine Fortführung der bisherigen Pendelpolitik Bulgariens geschaffen.[43] Ein solcher Frieden blieb jedoch aus, und die Spielräume verengten sich weiter, als Ende November 1940 erst Ungarn, dann auch Rumänien und die Slowakei dem Dreimächtepakt beitraten. Wenige Tage zuvor besuchte am 17./18. November Boris III. Hitler auf dem Berghof in Berchtesgaden. Zur selben Zeit bot Molotov dem bulgarischen Gesandten in Moskau eine Grenzgarantie sowie Unterstützung hinsichtlich bulgarischer territorialer Aspirationen gegenüber der Türkei (Ostthrakien), Griechenland (Westthrakien) und Jugoslawien (Makedonien) an.[44] Dieses Angebot wurde vom sowjetischen Gesandten in Sofia eine Woche später gegenüber Boris III. wiederholt. Bulgarien solle dafür im Rahmen eines gegenseitigen Beistandspaktes Teil der sowjetischen „Sicherheitszone" werden, wobei die staatliche Souveränität Bulgariens gänzlich unangetastet bleiben sollte. Im Gegenzug für finanzielle und wirtschaftliche Hilfe sowie Unterstützung zur Erreichung territorialer Ausdehnung im türkischen Ostthrakien forderte die Sowjetunion jedoch das Recht zur Errichtung zweier Marinebasen in Varna und Burgas sowie eines Luftwaffenstützpunktes in Plovdiv.[45] Indirekt drängte die Sowjetunion damit Bulgarien zu einem offenen Konflikt mit der Türkei. Es ist zu vermuten, dass sie sich selbst damit einen Grund für eine Intervention an den Meerengen verschaffen wollte. Für die bulgarische Regierung und Zar Boris dürfte jedoch ohnehin die sowjetische Versicherung, die staatliche Souveränität Bulgariens zu garantieren, mit Blick auf das sowjetische Vorgehen gegen die baltischen Staaten im Juni 1940 beziehungsweise gegenüber Finnland wenig glaubhaft gewesen sein. Sie lehnten das sowjetische Angebot ab, betonten allerdings, dass Bulgarien weiterhin an engen und freundlichen Beziehungen zur UdSSR interessiert sei.[46] Die Sowjetunion übte weiterhin Druck auf Bulgarien aus, unterstützt von der dortigen kommunistischen innenpolitischen Opposition, und betonte dabei wiederholt die starke

43 Marin Pundeff: Two Documents on soviet-bulgarian relations in November 1940. In: Journal of Central European Affairs, Vol. XV (Januar 1956), S. 367–378, hier: S. 374.

44 Andreas Hillgruber (Hg.): Staatsmänner und Diplomaten bei Hitler. Vertrauliche Aufzeichnungen über Unterredungen mit Vertretern des Auslandes. Band I. Frankfurt/M. 1967, S. 363f.

45 Voin Bojinov: L'entrîment de la Bulgarie dans la Seconde Guerre Mondiale et ses conséquences [Der Eintritt Bulgariens in den Zweiten Weltkrieg und seine Folgen]. In: Études Historiques, Tom II, Sofia 1965, S. 493–512, hier: S. 500; Elisabeth Barker: British Policy in South-East Europe in the Second World War. London 1976, S. 59; vgl. ferner Christian Hartmann: Halder. Generalstabschef Hitlers 1938–1942. Paderborn 1991, S. 255.

46 PA AA, R 29873, Telegramm des dt. Gesandten in Sofia Herbert Freiherr von Richthofen vom 30.11.1940 an das AA.

russische Sympathie gegenüber dem bulgarischen „Brudervolk". Mehrfach warnte der sowjetische Gesandte im Dezember 1940 die bulgarische Regierung vor einem Beitritt zum Dreimächtepakt.[47] Auch gegenüber dem Deutschen Reich betonte die Sowjetunion den Anspruch, Bulgarien als Teil einer sowjetischen Sicherheitszone am Schwarzen Meer einzubinden.[48] Auch dieses Auftreten gegenüber Sofia dürfte in erster Linie Teil der Politik gegenüber dem Deutschen Reich gewesen sein und nicht der ernsthafte Glaube, die bulgarische Zarendiktatur würde dieses Angebot annehmen.
Mit Verweis auf den sowjetischen Druck gelang es der bulgarischen Regierung tatsächlich, sich zunächst noch einem Beitritt zum Dreimächtepakt zu entziehen. Ob sie damit guten Willen zeigen wollte oder ob es Teil der autoritären Ausrichtung des bulgarischen Staates war, ist nicht eindeutig zu sagen. Sicher ist, dass Ende 1940 die innere Umgestaltung des bulgarischen Staates nach Vorbild der Achsenmächte deutlich zunahm. Beispielsweise wurde am 29. Dezember 1940 ein Gesetz zur Gründung der staatlichen Jugendorganisation Brannik (Abwehr) verabschiedet. Die Brannik orientierte sich klar an der deutschen Hitlerjugend und der italienischen Balilla. Sie betrieb offene Propaganda gegen Kommunismus und westlichen Liberalismus. Innerhalb von drei Jahren stieg die Mitgliederzahl der Brannik auf rund 450.000.[49] Im Januar 1941 folgte dann die bereits erwähnte Einführung einer antijüdischen Gesetzgebung („Gesetz zum Schutz der Nation").
Angesichts der militärischen Entwicklung auf dem griechisch-albanischen Kriegsschauplatz konnte sich die bulgarische Regierung zu diesem Zeitpunkt auch keine Illusion mehr machen, dass das Deutsche Reich nicht militärisch in Griechenland eingreifen würde. In Rumänien waren bereits Wehrmachteinheiten stationiert, und so musste Ende November 1940 die bulgarische Regierung das Durchmarschrecht für deutsche Truppen in Richtung Griechenland erteilen. Im Januar 1941 überschritten die ersten deutschen Einheiten die rumänisch-bulgarische Grenze.[50]

47 PA AA, R 29873, Telegramm Richtofen vom 7.12.1940 an das AA bzw. Documents on German Foreign Policy (DGFP), Vol. XI, Dokumente Nr. 468 und 536.

48 Weber: Der Pakt, S. 196f.

49 Nikolaj Poppetrov: Socialno naljavo, nacionalizmăt – napred: programni i organizacionni dokumenti na bălgarski avtoritaristki nacionalističeski formacii [Soziale Linke – Vorwärts: Programm- und Organisationsdokumente der bulgarischen autoritären nationalistischen Formationen]. Sofia 2009, S. 805–848.

50 ADAP, Serie D, Bd. 11, S. 406 und S. 496; Hillgruber (Hg.): Staatsmänner, Bd. I, Gespräch Draganov–Hitler vom 23.11.1940, S. 367; Kriegstagebuch des Oberkommandos der Wehrmacht, Bd. 1. Frankfurt/M. 1965, S. 995.

Nach wie vor betonte die bulgarische Diplomatie gegenüber dem deutschen Gesandten die Gefahr eines militärischen Eingreifens der Türkei, sollte sich Bulgarien aktiv an die Seite der Achsenmächte stellen. Allerdings gelang wenig später unter deutscher Vermittlung am 19. Februar 1941 der Abschluss eines bulgarisch-türkischen Freundschaftsabkommens, wodurch die Gefahr einer Konfrontation mit dem Nachbarn gebannt wurde.[51] Spätestens als die deutsche Reichsregierung Bulgarien territoriale Zugewinne auf Kosten Griechenlands in Aussicht stellte, trat dieses schließlich am 1. März 1941 ebenfalls dem Dreimächtepakt bei. Umsonst hatte auch der britische Gesandte in Sofia, George Rendel, versucht, die bulgarische Regierung von diesem Schritt abzuhalten. Dabei kam auch die Möglichkeit britischer Bombenangriffe auf Sofia im Falle eines Einmarsches deutscher Truppen in Bulgarien zu Wort.[52] Schließlich verließ Rendel aber am 12. März 1941 ohne Erfolg Sofia. Eine offene Kriegserklärung Großbritanniens blieb jedoch noch aus.

Knapp zwei Wochen später ereignete sich ein Offiziersputsch in Belgrad, der die prodeutsche jugoslawische Regierung stürzte. Anstoß dazu gab die zwei Tage zuvor vollzogene Unterschrift zum Dreimächtepakt.[53] Die neue Regierung unter General Dušan Simović erklärte den Beitritt für ungültig. Stattdessen schloss die Putschregierung am 5. April 1941 einen Freundschaftspakt mit der Sowjetunion ab. Zu dieser Zeit war bereits in Berlin der Entschluss gefasst worden, nicht nur in Griechenland, sondern auch in Jugoslawien militärisch einzugreifen. Bulgariens strategische Bedeutung wurde dadurch noch größer, ebenso seine Aussichten auf territoriale Gewinne. Nunmehr winkte nicht nur die Rückgewinnung des griechischen Westthrakien und damit der Zugang zum Ägäischen Meer, sondern auch des jugoslawischen Teils Makedoniens. Nach dem Ersten Weltkrieg hatte die Innere Makedonische Revolutionäre Organisation (i. F.: IMRO) im bulgarischen Pirin-Gebirge de facto einen Staat im Staate errichtet und einen blutigen Guerillakrieg gegen Jugoslawien um Makedonien geführt. Dabei stand sie unter anderem in engem Kontakt zum faschistischen Italien und zu rechtsnationalistischen Kräften um den bereits erwähnten Politiker Aleksandăr Cankov. Im Frühjahr 1934 wurde sie zwar daraufhin von der

---

51 Hillgruber (Hg.): Staatsmänner, Bd. I, S. 362 und 415; PA AA, R 29.873, Telegramm Richthofen vom 26.2.1941 an das AA.

52 Martin L. van Creveld: Hitler's Strategy 1940–1941. Cambridge 1973, S. 118.

53 Sabrina P. Ramet, Sladjana Lazić: „The Collaborationist Regime of Milan Nedić". In: Sabrina P. Ramet, Ola Listhaug (Hgg.): Serbia and the Serbs in World War Two. London 2011, S. 17–43, hier: S. 18.

prowestlichen bulgarischen Sveno-Regierung aufgelöst und verboten.[54] Trotzdem gab es auch 1941 noch viele Anhänger und Sympathisanten der IMRO in Bulgarien, organisiert in verschiedenen Vereinen und Organisationen wie dem Makedonischen Wissenschaftlichen Institut, der Organisation Ilinden (Eliastag) oder der Makedonischen Frauenunion. Diese reihten sich in die große, wenn auch zersplitterte rechtsgerichtete Szene des Landes ein, auf die Boris III. Rücksicht nehmen musste. Bereits seitdem sich im Sommer 1940 eine Revision der bulgarischen Grenze gegenüber Rumänien abzeichnete, waren auch diese makedonischen Akteure in der Öffentlichkeit immer präsenter gewesen. Innenminister Gabrovski unternahm nichts dagegen, diese Stimmen zu unterdrücken und tolerierte eher wohlwollend derartige Manifestationen.[55] Boris III. selbst hatte in einem Brief Hitler auf die makedonische Frage angesprochen.[56] Auch danach sprachen bulgarische Regierungsmitglieder wie der bereits erwähnte Landwirtschaftsminister Ivan Bagrjanov oder Ministerpräsident Bogdan Filov das Thema bei ihren deutschen Gesprächspartnern wiederholt an.[57] Berlin reagierte auch deswegen zurückhaltend. Die Filov-Regierung betonte mehrfach, dass Bulgarien sich allein schon angesichts des schlechten Rüstungsstandes der bulgarischen Streitkräfte und der offensichtlich ablehnenden Haltung der Bevölkerung einem militärischen Engagement gegenüber nicht an Kriegshandlungen beteiligen könne. Solange Jugoslawien noch als Teil des deutschen Einflussbereiches galt, waren derartige diplomatische Vorstöße Bulgariens für die deutsche Führung kein Thema. Dies galt auch noch während der bulgarisch-deutschen Verhandlungen über den Beitritt zum Dreimächtepakt, bei denen Berlin Bulgarien lediglich eine territoriale Erweiterung auf Kosten Griechenlands in Aussicht stellte.[58] Erst nach dem Putsch in Belgrad signalisierte Hitler dem bulgarischen Gesandten in Berlin, Petăr Draganov, dass nun auch die makedonische Frage Thema werden könnte.[59]

---

54 Stefan Troebst: Ivan Michajlov im türkischen und polnischen Exil (1934–1939/40). Fragmente zur politischen Biographie des Chefs der „Inneren Makedonischen Revolutionären Organisation". In: Stefan Troebst: Das makedonische Jahrhundert. Von den Anfängen der nationalrevolutionären Bewegung zum Abkommen von Ohrid 1893–2001. Ausgewählte Aufsätze. München 2007, S. 175–224, hier: S. 182f.

55 Nikolaj Genčev: Vănšnata politika na bălgarija 1938–1941 [Außenpolitik von Bulgarien 1938–1941]. Sofija 1998, S. 149–152; Petăr Petrov (Red.): Makedonija. Istorija i političeska sădba. [Makedonien. Geschichte und politisches Schicksal.] Tom III. Sofija, Stara Zagora 1998, S. 7.

56 Hoppe: Bulgarien – Hitlers eigenwilliger Verbündeter, S. 97–100.

57 Dimităr Sirkov: Vanšnata politika na bălgarija, S. 252; Marshall Lee Miller: Bulgaria during the Second World War. Stanford 1975, S. 37.

58 Miller: Bulgaria during the Second World War, S. 45.

59 ADAP, Serie D, Band 12/1, Dok. Nr. 216, S. 306f.

Bulgariens Eintritt in den Zweiten Weltkrieg 1941 und seine Rolle als „deutscher Gendarm des Balkans“

Auch wenn sich Bulgarien nach dem Beitritt zum Dreimächtepakt mit keinem Land offiziell im Krieg befand, gilt dieser Schritt zu Recht als Eintreten in den Zweiten Weltkrieg. Am 6. April 1941 startete die deutsche Wehrmacht ihre Offensiven gegen Jugoslawien und Griechenland. Bulgarien bildete dabei für beide Feldzüge eine wichtige Ausgangsbasis für die deutschen Truppen.

Selbst jetzt war es allerdings der bulgarischen Regierung gelungen, anders als beispielsweise Ungarn, welches sich wenig später mit Truppen am Überfall auf die Sowjetunion beteiligte, nicht unmittelbar als militärischer Partner der Achsenmächte in direkten Kampfeinsätzen aktiv zu werden. Letztlich hatte das Deutsche Reich keinen weiteren Druck ausgeübt, da auch der deutsche Gesandte in Sofia, Herbert von Richthofen, und der deutsche Botschafter in Ankara, Franz von Papen, von einer unmittelbaren Beteiligung Bulgariens abgeraten hatten.[60] Darüber hinaus hatte der deutsche Auslandsgeheimdienst bereits Ende Januar von einem großen Widerwillen unter der bulgarischen Bevölkerung gegen eine Kriegsbeteiligung berichtet.[61] Hinzu kamen die Bedenken, dass eine aktive Teilnahme bulgarischer Truppen am Feldzug gegen Jugoslawien in der Türkei als Bündnisfall der Balkanentente (Balkanpakt) angesehen werden könnte. Erst kurz vor der sich abzeichnenden Kapitulation Jugoslawiens brach Bulgarien am 15. April die diplomatischen Beziehungen zu Jugoslawien offiziell ab. Die Filov-Regierung bot von sich aus dem deutschen Oberkommando bulgarische Truppenverbände zur Sicherung des Hinterlandes in Makedonien und Westthrakien an. Auf diese Weise wollte sie ihre Ansprüche auf diese Gebiete sichern, wusste sie sich doch zumindest in Makedonien in Konkurrenz mit den Expansionsinteressen Italiens. Dies geschah aber auch aus innenpolitischem Druck. Die Nachricht, dass die für den bulgarischen Nationalismus wichtige Stadt Ohrid von italienischen Truppen besetzt worden war, führte zu spürbarem Unmut unter den rechtsgerichteten Kräften des Landes.[62] Aber erst am 17. April, dem Tag der jugoslawischen Kapitu-

60 Karlsreiter: König Boris III. von Bulgarien, S. 251; siehe auch Bogdan Filov: Dnevnik [Tagebuch] (Red. Ilčo Dimitrov). Sofija 1990, S. 297, S. 300.

61 BA MA, Wi Ic 5,35 Stimmungsbericht vom 21.1.1941.

62 Hoppe: Bulgarien – Hitlers eigenwilliger Verbündeter, S. 121f.

lation, gestattete Berlin den Einmarsch bulgarischer Truppen in den Ostteil der jugoslawischen Banschaft Skopje sowie in die griechischen Territorien östlich des Flusses Strymon (Struma) inklusive der griechischen Inseln Thasos und Samothrake. Eine Ausnahme bildete der Evros-Grenzstreifen an der griechisch-türkischen Grenze (Demotika-Gebiet), der unter deutscher Kontrolle verblieb, um eine Komplikation zwischen bulgarischen und türkischen Grenztruppen auszuschließen. Makedonien wurde am 25. April unter Italien und Bulgarien aufgeteilt. Bulgarien erhielt dabei letztlich auch Ohrid zugewiesen. Auch das rohstoffreiche Ljuboten-Massiv überließ das Deutsche Reich Bulgarien, wohl wissend, dass es auf diese Weise leichter den Zugriff auf die dortigen Molybdänerz-Vorkommen bekommen würde. Die makedonischen Städte Tetovo, Gostivar, Kićevo und Struga fielen allerdings an Italien. Als Ausgleich dafür durfte Bulgarien zusätzlich die altserbische Region Vranje-Pirot okkupieren. Nichtsdestotrotz blieb die Aufteilung Jugoslawiens in den Folgejahren ein dauerhafter Streitpunkt zwischen den Besatzungsmächten. Dies traf auch auf Griechenland zu, wo Bulgarien gern auch die Städte Thessaloniki (bg. Solun), Florina (bg. Lerin) und Edessa (bg. Voden) besetzt hätte, was ihm aber vorerst verweigert wurde.

Das Deutsche Reich sah diese Besetzung durch bulgarische Truppen offiziell als provisorisch an und verwies stets darauf, dass endgültige territoriale Regelungen erst nach dem Krieg getroffen werden sollten. Von der bulgarischen Regierung ließ sie sich jedoch im April 1941 zusichern, dass deutsche Firmen den bevorzugten Zugriff auf die Rohstoffvorkommen, besonders die Erzvorkommen, in den zuerkannten Gebieten bekommen würden. Daran hielten sich die bulgarischen Behörden auch; ansonsten begann die bulgarische Regierung jedoch, Fakten zu schaffen.[63] Die Okkupationsgebiete auf dem Boden Griechenlands beziehungsweise Jugoslawiens wurden kurzerhand als Teile des bulgarischen Staates behandelt, indem Provinzverwaltungen eingerichtet und die bulgarische Gesetzgebung eingeführt wurden. Hinzu kam der Ausbau eines bulgarischen Schulsystems, verbunden mit umfangreichen Propagandaaktivitäten, um unter der dortigen slawischen Bevölkerung ein bulgarisches Nationalgefühl zu stärken beziehungsweise dessen Herausbildung zu fördern.[64] 1943 wur-

63 Vaïos Kalogrias: Makedonien 1941–1944. Okkupation, Widerstand, Kollaboration. Ruhpolding 2008, S. 95f.

64 Vanče Stojčev: Bugarskiot okupaciski sistem vo Makedonija 1941–1944 [Bulgarisches Besatzungssystem in Makedonien 1941–1944]. Skopje 1996, S. 183; Rastislav Terzioski: Denacionalizatorskata dejnost na bugarskite kulturno-prosvetni institucii vo makedonija (skopska i bitolska okupaciona oblast) 1941–1944 [Denationalisie-

de in Skopje zudem eine bulgarische Universität gegründet. Der Plan einer zweiten Universität in Ohrid wurde aus finanziellen Gründen verworfen. Auch die bulgarische Staatsjugend Brannik und andere staatliche Institutionen wurden dort aktiv, ebenso nationalistische Organisationen wie die Ratnici, Otec Paisij und die Legionäre. Der Erfolg dieses Engagements war jedoch sehr gering.[65]
Als weiterer wichtiger bulgarischer Akteur trat das bulgarisch-orthodoxe Exarchat auf, das in den besetzten beziehungsweise okkupierten makedonischen und thrakischen Gebieten eigene Eparchien errichtete. Allerdings blieb deren Einfluss nicht zuletzt wegen eines erheblichen Mangels an Priestern ebenfalls gering. Gravierender waren die Folgen der bulgarischen Nationalitätenpolitik, insbesondere nachdem in den okkupierten Gebieten im Juni 1942 ein neues bulgarisches Staatsbürgerschaftsgesetz eingeführt wurde. Die bulgarische Politik zielte dabei auf die Entfernung aller „volksfremden Elemente" aus dem öffentlichen und wirtschaftlichen Leben der „neuen Territorien".[66] Diese Politik musste zwangsläufig auch zu Reibungen mit den Achsenmächten führen. Ähnlich wie der 1941 errichtete Unabhängige Staat Kroatien (Nezavisna Država Hrvatska) begann auch Bulgarien bereits früh mit gezielten Abschiebungen und Vertreibungen insbesondere der dortigen serbischen Bevölkerung. Dies betraf weit über 120.000 Serben, die in das deutsche Besatzungsgebiet Serbiens abgeschoben wurden. Weitere Zehntausende wurden in das italienische Besatzungsgebiet im westlichen Teil des besetzten Jugoslawiens vertrieben.[67] Letzteres belastete zusätzlich das stark unterkühlte italienisch-bulgarische Verhältnis, konkurrierten doch beide um Einfluss in Makedonien. Zwar wurde nach außen hin der Anschein eines harmonischen Bündnisses gewahrt, doch war dies als kaum mehr denn „oberflächlich" zu bezeichnen. Aus einem Bericht des delegierten deutschen Ausbildungsstabes beim bulgarischen Oberkommando wurde beispielsweise am 3. August 1942

---

rungsaktivitäten bulgarischer Kultur- und Bildungseinrichtungen in Makedonien (Skopioter und Bitolaer Besatzungsgebiet) 1941–1944]. Skopje 1974, S. 56–60; siehe auch: Ivan Chadžijski: Vtoroto bălgarsko upravlenie văv Vardarska Makedonija (april 1941–septemvri 1944) [Die zweite bulgarische Verwaltung in Vardar Makedonien (April 1941–September 1944)]. Dupniza 2016.

65 Ģorģi Malkovski: Profaštičkite i kolaboracionističkite organizacii i grupi vo makedonija 1941–1944 [Profaschistische und kolaboratistische Organisationen und Gruppen in Makedonien 1941–1944]. Skopje: Institut za Nacionalna Istorija 1995, S. 58f., S. 63ff; Stojčev: Burgaskiot okupaciski sistem, S. 91–94.

66 Poppetrov: Flucht aus der Demokratie, S. 399.

67 Elisabeth Barker: Macedonia its place in Balkan power politics. London 1950, S. 79.

an das Oberkommando des Heeres (OKH) in Berlin gemeldet, dass in der bulgarischen Bevölkerung deutliche Abneigung gegenüber Italien spürbar sei und auch alle bulgarischen Offiziere, mit denen der Ausbildungsstab zu tun hatte, eher mit Verachtung über den italienischen Bündnispartner sprachen.[68]

Nicht minder repressiv trat Bulgarien in den besetzten griechischen Gebieten auf, die es am 9. Oktober 1942 offiziell als neue Provinz Belomorije annektierte. Dort verursachte die repressive Bulgarisierungspolitik gegenüber der griechischen Bevölkerung Zehntausende Todesopfer. Allein in den ersten fünf Monaten der bulgarischen Herrschaft in Westthrakien flohen mindestens 25.000 bis 30.000 Menschen in Richtung deutsches und italienisches Besatzungsgebiet.[69] Der Historiker Vaïos Kalogrias bezeichnete 2008 die bulgarische Okkupationsherrschaft in Westthrakien in seiner Dissertationsschrift als eines der „schrecklichsten Besatzungsregime in Südosteuropa während des Zweiten Weltkrieges".[70] Selbst ein deutscher Lagebericht beschrieb die dortige bulgarische Herrschaft als „ein nur mit balkanisch zu bezeichnendes Terrorregiment".[71] Dass dies wenig später zu einem ersten griechischen Aufstand führte, sorgte in Berlin und Rom nicht für Begeisterung.

Im Laufe des Krieges, insbesondere angesichts der zunehmenden Schwäche und schließlich des Ausscheidens Italiens im September 1943, wurden Bulgarien trotzdem weitere Gebiete zur Besatzung übertragen. Die Wehrmacht war froh über jede Einheit, die sie vom Balkan an andere Fronten abziehen konnte, was aber angesichts des längst angewachsenen lokalen Widerstandes nationalistischer oder kommunistischer Partisanen immer schwieriger wurde. Das Deutsche Reich benötigte einen Gendarmen, der in den eroberten Gebieten Jugoslawiens und Griechenlands für Sicherheit sorgte und die ungestörte Ausbeutung der dortigen kriegsnotwendigen Rohstoffe gewährleistete. Für die bulgarische Regierung bot dies die Chance, vielleicht doch noch das nationale Maximalprogramm eines Großbulgariens als regionale Hegemonialmacht zu erreichen.

---

68 BA MA, RH 31/II/ 1 Deutscher Ausbildungsstab bei d. kgl. bulg. Heeresleitung. 15.5.1941–1.2.1944, Bericht des dt. Ausbildungsstabes in Sofia an das OKH in Berlin vom 3.8.1942.

69 Rainer Eckert: Vom „Fall Marita" zur „wirtschaftlichen Sonderaktion". Die deutsche Besatzungspolitik in Griechenland vom 6. April 1941 bis zur Kriegswende im Februar/März 1943. Frankfurt/M. 1992, S. 72.

70 Kalogrias: Makedonien 1941–1944, S. 96.

71 Hoppe: Bulgarien – Hitlers eigenwilliger Verbündeter, S. 126.

Anfang Juli 1943 übernahmen bulgarische Truppen die militärische Sicherung des griechischen Zentralmakedoniens mit Ausnahme der Hafenstadt Thessaloniki und der Halbinseln von Chalkidike. Die unmittelbare Verwaltung blieb allerdings in deutschen Händen. Bedingung Bulgariens war, dass in diesen Gebieten sämtliche griechischen Polizeikräfte abzuziehen oder zu entwaffnen seien.[72] Neben dem Einsatz von Truppen Bulgariens wurden seit März 1943 im italienischen Besatzungsgebiet in Griechenland auch Freiwilligeneinheiten lokaler slawophoner Kollaborateure rekrutiert, die Ochrana (Wache, Schutz) genannt wurden. Teilweise waren unter ihnen auch ehemalige IMRO-Anhänger. Diese überwiegend aus der Region Kastoria stammenden Kollaborateure wurden zur Bekämpfung griechischer Partisaneneinheiten eingesetzt. Die rund 2.000 bis 3.000 Mann starken Ochrana-Milizen traten für eine langfristige Angliederung der zentralmakedonischen Region an das bulgarische Zarenreich ein.[73] In noch größerem Umfang wurde Bulgarien die Rolle als Gendarm in Serbien zugewiesen. Im Januar 1942 übernahm ein zusammengestelltes bulgarisches Unterstützungskorps im Umfang von über 20.000 Soldaten Sicherungsaufgaben in Zentralserbien (Kreise Niš, Leskovac, Kruševac, Zaječar und Morava-Gebiet). Dies ermöglichte der deutschen Wehrmacht den Abzug einer Infanteriedivision an die Ostfront. Auch hier wurden die bulgarischen Truppen der deutschen Besatzungsmacht unterstellt. Ebenso blieb die Okkupationsverwaltung in deutscher Hand.[74] Bis Mitte 1943 wurde der bulgarische Unterstützungseinsatz immer weiter nach West- und Nordserbien ausgedehnt, um deutsche Truppen abzulösen. Bulgarien wurde dadurch in Serbien mit rund 31.000 Soldaten zur wichtigsten militärischen Okkupationsmacht. Angesichts starker antibulgarischer Ressentiments in Serbien trug der Einsatz bulgarischen Militärs wahrscheinlich allerdings mit dazu bei, dass die dortige Partisanenbewegung noch größeren Zulauf erhielt.

Für die bulgarische Führung schienen diese Unterstützungseinsätze in erster Linie Vorteile zu haben. Sie konnte ihr Gewicht für eine spätere Neuordnung der ehemals

---

72 Kalogrias: Makedonien 1941–1944, S. 111f.

73 Kalogrias: Makedonien 1941–1944, S. 117–127. Siehe zur Ochrana auch Dobrin Mičev: Bălgarskoto nacionalna delo v jugozapadna Makedonija (1941–1944 g.) [Bulgarisches nationales Wirken in Südwestmakedonien (1941–1944)], <http://www.promacedonia.org/mpr/ohrana.html>, 8.11.2021.

74 Boro Mitrovski, Venceslav Glišić, Tomo Ristovski: Das Bulgarische Heer in Jugoslawien 1941–1945. Beograd 1971, S. 52–63.

jugoslawischen Territorien erhöhen. Ein anderer Vorteil war, dass es ihre Position stärkte, nicht aktiv am deutsch-sowjetischen Krieg teilzunehmen. Anders als den anderen deutschen Verbündeten gelang es Bulgarien, sich einer direkten militärischen Teilnahme an der Operation Barbarossa zu entziehen. Außer einigen kleineren Zusammenstößen bulgarischer Schiffe mit der sowjetischen Marine beschränkte sich die aktive Beteiligung auf die Entsendung eines bulgarischen Sanitätszugs zur Unterstützung der deutschen Wehrmacht in der Sowjetunion 1942.[75] Auch die Aufstellung einer Freiwilligenlegion ähnlich der spanischen „Blauen Division" oder der französischen „Légion des volontaires français contre le bolchévisme" wurde von der bulgarischen Regierung unterbunden. Laut der bulgarischen Zeitung *Trud* sollen sich bei der deutschen Gesandtschaft in Sofia für einen Einsatz an der Ostfront rund 1.500 Freiwillige aus den Reihen rechtsgerichteter Organisationen gemeldet haben.[76]

Bulgarien nahm unter den Kollaborationsstaaten auf Seite der Achsenmächte eine ungewöhnliche Ausnahmestellung ein. So blieb auch nach Beginn des deutschen Überfalls auf die Sowjetunion die sowjetische Gesandtschaft in Sofia bestehen. Auch ging auf Umwegen über die Türkei auf niedrigem Niveau der bulgarisch-sowjetische Warenaustausch weiter.[77] Bis heute ist nicht abschließend geklärt, warum das Deutsche Reich dies zuließ. Das Argument, die bulgarische Bevölkerung sei zu russophil eingestellt, um gegen die Sowjetunion die bulgarische Armee einsetzen zu können, kann nicht ausschlaggebend gewesen sein. Bereits im Ersten Weltkrieg waren 1916/17 bulgarische und russische Truppen aufeinandergestoßen. Wahrscheinlich ist hingegen, dass ein Vorteil darin gesehen wurde, mit der sowjetischen Gesandtschaft in Sofia einen direkten Gesprächskanal mit dem wichtigsten Kriegsgegner aufrechtzuerhalten. Inwieweit diese Möglichkeit genutzt und eine Rolle gespielt hat, ist noch nicht ausreichend erforscht. Dem Zarenregime von Boris III. brachte die Nichtteilnahme am Krieg gegen die Sowjetunion, bei gleichzeitigen territorialen Zugewinnen auf Kosten von Griechenland und Jugoslawien, 1941/42 vermutlich die höchsten Beliebt-

75 Oleg Beyda: ‚Wehrmacht Eastern Tours': Bulgarian Officers on the German-Soviet Front, 1941–1942. In: The Journal of Slavic Military Studies, 33 (2020) H. 1, S. 136–161.

76 Georgi Markov: Zar Boris III: Po-dobre čeren chljab, otkolkoto černi zabradki [Zar Boris III.: Besser Schwarzbrot als schwarze Kopftücher]. In: bg-Voice.-com, 6.2.2014, <https://bg-voice.com/po-dobre_cheren_hlyab_otkolko-to_cherni_zabradki/>, 8.11.2021.

77 BA MA, Wi IC 5,23, Bericht des deutschen Wirtschaftsoffiziers in Sofia vom 31.12.1941.

heitswerte seit 1935. Dazu trug auch bei, dass bulgarische Truppen nicht in Kämpfe mit den britischen und amerikanischen Streitkräften verwickelt wurden, obwohl Bulgarien nach der deutschen Kriegserklärung an die USA am 11. Dezember 1941 ebenso wie andere Mitglieder des Dreimächtepaktes den USA und Großbritannien nun den Krieg erklärten. Diese Situation trug sicherlich mit dazu bei, dass sich erst 1943 wirklich spürbarer bewaffneter Widerstand in Bulgarien selbst bildete. Hinzu kamen 1943/44 immer massivere Bombenangriffe der westlichen Alliierten gegen bulgarische Städte, gegen die die schwache bulgarische Flugabwehr und Luftwaffe nichts ausrichten konnten.[78]

Innenpolitische und wirtschaftliche Entwicklung 1941–1943

Wie bereits erwähnt, profitierte das Zarenregime zunächst von der Tatsache, dass sich Bulgarien aus einem unmittelbaren Kampfeinsatz heraushalten konnte und sein Staatsgebiet 1940/41 um ein Drittel ohne direkte Kriegsbeteiligung vergrößern konnte. Die Tatsache, dass es zu keinem Konflikt mit der Türkei kam, beruhigte die Öffentlichkeit zusätzlich. Die rechtsgerichteten Kräfte verzeichneten spürbaren Zulauf. Beispielsweise vergrößerte sich der Bund der nationalen Legionäre unter Ivan Dočev von knapp 10.000 Mitgliedern im Jahre 1934 auf etwa 75.000 Anfang 1942. Die bürgerlich-liberalen Kräfte sahen sich vorerst marginalisiert. Die Kommunisten waren zum Stillhalten verdammt, solange die stalinistische Sowjetunion mit dem Deutschen Reich durch den „Freundschaftspakt" formell verbündet war. Nach dem Krieg äußerte sich der oppositionelle Exiljournalist Wolfgang Bretholz, der vor 1933 das innenpolitische Ressort beim *Berliner Tageblatt* geleitet hatte und nach 1933 über verschiedene Exilstationen während des Krieges in Rumänien, Bulgarien und schließlich der Türkei lebte, rückblickend über die Stimmung in der bulgarischen Bevölkerung 1941:

78 Marin Kalonkin: Bălgarija văv vtorata svetovhna vojna 1939–1945 godina [Bulgarien im Zweiten Weltkrieg 1939–1945]. Sofija 2010, S. 90–93.

> Wir waren alle berauscht von der Idee, dass uns zum ersten Male in der Geschichte jene Gerechtigkeit zuteil wurde, die wir lange vergeblich gefordert hatten. Gewiss, mitunter regte sich in uns so etwas wie ein schlechtes Gewissen, weil wir unsere neuen Gebiete nicht erkämpft und erobert, sondern als Geschenk erhalten hatten, so etwas wie ein unheimliches Gefühl, dass es eines Tages aus dem schönen Traum ein grausames Erwachen geben könnte. Aber im Grunde waren wir doch alle, von den extremsten Nationalisten bis zu den Kommunisten, befriedigt über die Erfolge, die uns Hitlers ‚Neue Ordnung' auf dem Balkan gebracht hatte.[79]

Auch angesichts dieser vergleichsweise breiten Zustimmung achtete Boris III. weiter darauf, so gut es ging das innenpolitische Kräfteverhältnis möglichst ausgewogen zu erhalten. Zwar nahm der Einfluss der politischen Rechten weiter zu, doch wurde keiner der wichtigen Führer im rechten Lager, wie beispielsweise Aleksandăr Cankov, Ivan Dočev oder General Lukov, in ein öffentliches Amt berufen. Innenminister Petăr Gabrovski blieb hierbei eine Ausnahme. Auch wurde keine der neuen, an faschistischen Vorbildern orientierten Massenorganisationen wie der Brannik so weiterentwickelt, dass sie zu einem innenpolitischen Machtfaktor hätten werden können.

Eine Zäsur bildete der Überfall der Achsenmächte und ihrer Verbündeten auf die UdSSR. Auch wenn Bulgarien sich nicht an dem Krieg beteiligte und wie erwähnt die diplomatischen Beziehungen zu Moskau aufrechterhielt, begannen die bulgarischen Kommunisten im Sommer 1941 aktiven Widerstand zu organisieren. Dies beantwortete die Königsdiktatur mit einem repressiven Vorgehen gegen jegliche Form von Opposition. Das „Gesetz zum Schutze der Nation" wurde im September 1941 weiter verschärft und in den darauffolgenden Monaten im großen Umfang Mitarbeiter aus der Staatsverwaltung entfernt, die im Verdacht standen, den Kommunisten oder anderen Oppositionskräften nahezustehen. Darüber hinaus begann eine Repressionswelle gegen linksgerichtete Zirkel mit Hunderten Verhaftungen.[80] Eine zunehmende Zahl von politischen Vereinen wurde verboten.

Ein wesentlich größeres Problem entwickelte sich für die Königsdiktatur in der Wirtschaft. Nachdem 1939/40 immer mehr relevante Handelspartner entfallen waren, war das Land in weitgehende ökonomische Abhängigkeit zum Deutschen Reich geraten. Dies beinhaltete auch, dass sich Bulgarien immer umfassender auf die wirtschaftlichen

79 Wolfgang Bretholz: Ich sah sie stürzen. Wien 1955, S. 46.

80 BA MA, RW 29/77, Lagebericht des deutschen Konsulats in Sofia vom 30.9.1941.

Bedürfnisse des deutschen „Partners" ausrichten musste. Damit ging die Umgestaltung der staatlichen Wirtschaftspolitik nach Vorbild Italiens und des Deutschen Reiches einher. So wurde bereits am 4. Mai 1940 das „Gesetz für die zivile Mobilmachung" erlassen. Hinzu kam wenig später die Einrichtung einer staatlichen Außenhandelsdirektion.[81] Dieses ermöglichte es dem Staat, in erheblichem Umfang in das Wirtschaftsleben einzugreifen. Auch konnte fortan die Regierung nun bulgarische Staatsangehörige im Alter von 16 bis 70 Jahren für Einsätze in der Industrie oder der Landwirtschaft heranziehen. Löhne und Preise konnten nun reguliert sowie kriegswichtige Materialien und Rohstoffe der Verteilung durch den Staat unterworfen werden.

Diese Maßnahmen wurden allerdings auch immer notwendiger, um die Bedürfnisse der deutschen Kriegswirtschaft erfüllen zu können. Seit 1939 hatte das Deutsche Reich begonnen, immer bessere Handelsbedingungen für die deutsche Industrie durchzusetzen. Bulgarien musste dabei von Jahr zu Jahr größere Lieferverpflichtungen eingehen, während sich die deutschen Ausgleichszahlungen, beispielsweise in Form von landwirtschaftlichen Maschinen, oft zeitlich stark verzögerten. Allein zur Modernisierung der bulgarischen Streitkräfte wurde von Deutschland in größerem Maße Kriegsmaterial geliefert – in erster Linie aus tschechoslowakischen und französischen Beutebeständen.[82] Der wirtschaftliche Handlungsspielraum engte sich dadurch für Bulgarien im Laufe des Krieges mehr und mehr ein. Dies betraf nicht nur den Zugriff auf Rohstoffe und landwirtschaftliche Produkte, sondern auch den schließlich vollständigen deutschen Zugriff auf die wichtigsten Bergwerke im bulgarisch okkupierten Makedonien. Der deutsche Historiker Markus Wien wertet Bulgarien für den Zeitraum ab 1940 zu Recht als einen deutschen Wirtschaftssatelliten.[83] Dazu gehörte auch, dass der bulgarische Steuerzahler erhebliche Kosten des deutschen Militäreinsatzes gegen Griechenland bezahlen musste. Zusätzlich zu den rasch ansteigenden Aufrüstungskosten verdoppelten sich die bulgarischen Staatsausgaben 1941 gegenüber dem Vorjahr.[84]

---

81 Otto Schulmeister: Werdende Großraumwirtschaft. Die Phasen ihrer Entwicklung in Südosteuropa. Berlin 1943, S. 171f.

82 Bereits seit Sommer 1940 förderte das Deutsche Reich die Aufrüstung der bulgarischen Streitkräfte. Dazu zählten spezielle Ausbildungskurse in Deutschland, die Entsendung von Militärberatern nach Bulgarien und der Auf- bzw. Ausbau der bulgarischen Panzertruppen und der Luftwaffe. Popov: Žestoki Vremena, S. 155; Björn Opfer: Die bulgarische Wiederaufrüstung 1923–1944. In: Zeitschrift für Heereskunde Nr. 407, Januar/März 2003, S. 10–16.

83 Wien: Markt und Modernisierung, S. 305–308.

84 Götz Aly: Hitlers Volksstaat. Raub, Rassenkrieg und nationaler Sozialismus. Frankfurt/M. 2005, S. 258f.

Schon bald machten sich gravierende Versorgungsengpässe in Bulgarien bemerkbar. Einher gingen diese mit wiederholten Missernten infolge großer Trockenheit, was wiederum 1942 Notschlachtungen beim Viehbestand zur Folge hatte. Die zunehmenden Einberufungen zum bulgarischen Militär ab 1941 verursachten darüber hinaus einen spürbaren Arbeitskräftemangel in mehreren Wirtschaftsbereichen. Trotzdem erklärte sich die bulgarische Regierung bereit, für das Deutsche Reich wiederholt Arbeitskräfte sowohl in Bulgarien als auch im okkupierten Westthrakien und Makedonien anwerben zu lassen.[85] Bereits im November 1942 klagte die bulgarische Direktion der zivilen Mobilmachung über frappierende Engpässe in der Versorgung mit Eisen und Stahl. Dadurch wurde die Leistungsfähigkeit bulgarischer Betriebe und Gruben spürbar beeinträchtigt. Dies fiel letztlich wiederum negativ auf die deutschen Wünsche zurück, da die bulgarische Produktion infolge des Rohstoffmangels sank.[86] Umso rauer traten die deutschen Verhandlungsführer auf, die geradezu selbstverständlich voraussetzten, dass sich alle Verbündeten den deutschen Bedürfnissen im Kampf um den „Endsieg" unterzuordnen hatten. Ende 1942 klagten deutsche Stellen anlässlich der sich in die Länge ziehenden wochenlangen Verhandlungen über einen neuen deutsch-bulgarischen Handelsvertrag. Verärgert meldeten sie nach Berlin, dass sich das Gefühl aufdränge, Bulgarien verfolge allein das Ziel, eine Vorratswirtschaft zu betreiben, um unter allen Umständen die Versorgung der eigenen Bevölkerung sicherzustellen, anstatt dem Deutschen Reich Zugeständnisse zu machen.[87] Der wachsende Einsatz bulgarischer Truppen in den besetzten griechischen und jugoslawischen Gebieten, aber auch die Evakuierungen infolge der zunehmenden alliierten Bombenangriffe auf bulgarische Städte absorbierten 1943/44 den überwiegenden Teil der vorhandenen Transportkapazitäten. Derweil verschlechterte sich die Ernährungslage. Aber auch die Versorgungslage in vielen anderen Bereichen wurde immer dramatischer. Korruption und Schwarzmarkt verbreiteten sich spürbar. Dies trug sicherlich mit dazu

85 BA MA, RW 29/86 Lageberichte W. O. [Wehrwirtschaftsoffizier] Sofia 4.6.41–28.2.1942, W. O. Sofia Lagebericht 31.8.1941, RW 29/87 WO Lageberichte 1.11.41–31.12.42, Lagebericht W. O. Sofia 28.2.1942, RW 29/77, Bericht des deutschen Wirtschaftsoffiziers vom 31.10.1942 und RW 29/80 Kriegstagebuch W. O. Sofia 1.4. –30.6.1943, Lagebericht Nr. 21 W. O. Sofia 30.4.1943.

86 BA MA, RW 29/78 Kriegstagebuch Wehrwirtschaftsoffizier (W. O.) Sofia 1.10.–31.12.42, Tagebucheintrag vom 12.11.1942.

87 BA MA, RW 29/78 Kriegstagebuch Wehrwirtschaftsoffizier (W. O.) Sofia 1.10.–31.12.42, Tagebucheintrag vom 30.11.1942.

bei, dass die bulgarische Regierung das Ansinnen Berlins nicht behinderte, im Zuge der Aktion „Heim ins Reich" die kleine, erst seit den 1890er-Jahren in Bulgarien lebende deutsche Minderheit umzusiedeln. Die etwa 2.150 Personen große deutsche Bevölkerungsgruppe wurde 1943 im besetzten Polen angesiedelt.

Diese Zustände stärkten natürlich die Opposition in Bulgarien. Hinzu kam der wachsende bewaffnete Widerstand zunächst in den besetzten Gebieten, aber auch in Bulgarien selbst. Diesem Widerstand wurde mit immer größerer Härte und Brutalität begegnet, wobei es zu einer engen Zusammenarbeit mit dem deutschen Militär und Geheimdienst kam. In den besetzten thrakischen und jugoslawischen Gebieten, aber auch in Bulgarien wurden Konzentrations- und Internierungslager für mehrere Zehntausend Menschen eingerichtet.[88] Die Zahl der darin von 1941 bis 1944 zu Tode Gekommenen ist nicht bekannt.

Druck kam zunächst aus den oppositionellen Militärkreisen, von Offizieren, die aus den Sveno-Strukturen der 1930er-Jahre stammten und teilweise im Kontakt zur sowjetischen Vertretung standen. Als schließlich Gerüchte über Putschvorbereitungen aufgedeckt wurden, musste sich Boris III. stärker an den deutschen Verbündeten anlehnen. Am 15. April 1942 wurden sechs von zehn Ministerposten neu besetzt und die Stationierung von mehr deutschem Militär in Bulgarien akzeptiert. Einer der führenden oppositionellen Generäle, General d. R. Vladimir Zamov, wurde am 1. Juni 1942 wegen Hochverrats hingerichtet. Befanden sich Ende 1941 weniger als 4.000 deutsche Soldaten auf bulgarischem Boden, stieg diese Zahl bis Sommer 1944 auf über 22.000.[89]

Diese Militärpräsenz verhinderte aber nicht die langsame Zunahme des kommunistischen Widerstands, ja förderte diesen wahrscheinlich sogar eher. Über den Umfang der bulgarischen Partisanenbewegung gehen die Einschätzungen allerdings weit auseinander. In den 1960er-Jahren zitierte der ungarisch-schweizerische Militärhistoriker Péter Gosztony einen ehemaligen bulgarischen Generalstabsoffizier, der den kommunistischen Widerstand als kaum spürbar bewertete. Es seien kaum mehr als

88 Stojčev: Burgaskiot okupaciski sistem, S. 199, S. 205f.

89 Rumen Nikolov: Njakoi aspekti na bălgarsko-germanskite voennoikonomičeski otnošenija prez perioda maj–dekemvri 1942 godina [Einige Aspekte der bulgarisch-deutschen militärisch-wirtschaftlichen Beziehungen im Zeitraum Mai–Dezember 1942]. In: Voennoistoričeski Sbornik [Militärhistorischer Sammelband] 1986, H. 4, S. 159–171, hier: S. 166.

1.500 bis 2.000 Partisanen aktiv gewesen.[90] Demgegenüber sprach die sozialistische Historiografie für Anfang 1944 von 18.300 aktiven Partisanen und etwa 200.000 Verbindungsleuten und Helfern, was jedoch als weit übertrieben gewertet werden kann.[91] Der Schweizer Historiker Oliver Jens Schmitt bezifferte die Zahl für Sommer 1944 auf circa 10.000, schrieb ihnen aber erst in den letzten Monaten vor dem Putsch eine nennenswerte Bedeutung zu.[92] Unbestritten ist, dass spätestens 1943 der bewaffnete Widerstand in den bulgarisch besetzten Gebieten, aber auch in Bulgarien selbst, spürbar zunahm. Bei der Bekämpfung der Partisanen seitens der bulgarischen Armee kam es zu einer engen Kooperation mit dem deutschen Militär. In Gebieten mit größeren Partisanenaktivitäten wurden deutsch-bulgarische Spezialeinheiten gebildet. In einem deutschen Bericht im Juli 1943 wurde zum Auftrag dieser so genannten K-Trupps aus bulgarischen und deutschen Soldaten, aber auch lokalen Kollaborateuren aus den Besatzungsgebieten selbst, festgehalten:

> [Die K-Trupps] haben die Aufgabe, in Zivil die Gegend systematisch nach dem Vorhandensein von Banden zu erforschen und dieselben in rücksichtslosestem Einsatz niederzukämpfen. Für die Zusammenarbeit mit den polizeilichen Einsatzorganen besteht Funkverbindung. Nach Überwältigung, beziehungsweise Niedermachung der Banden verschwinden diese K-Trupps nach Sicherstellung der gegnerischen Waffen, ohne eine Beerdigung der Gefallenen durchzuführen. KO verspricht sich von dieser Art des Einsatzes insbesondere eine starke psychologische Wirkung auf Einwohnerschaft und Banden.[93]

Bis zum Putsch im September 1944 erreichte der bewaffnete Widerstand keinen Umfang, der der bulgarischen Regierung wirklich hätte gefährlich werden können.

90 Péter Gosztony: Der Krieg zwischen Bulgarien und Deutschland 1944/45. In: Wehrwissenschaftliche Rundschau 1967, H. 4, S. 22–38, hier: S. 25.

91 Eberhard Wolfgramm: Bemerkungen zur bulgarischen Partisanenbewegung. In: Jahrbuch für Geschichte der UdSSR und der volksdemokratischen Länder Europas, Band 8. Berlin [Ost] 1964, S. 505–524, hier: S. 516.

92 Oliver Jens Schmitt: Der Balkan im 20. Jahrhundert. Eine postimperiale Geschichte. Stuttgart 2019, S. 155.

93 BA MA, RW 29/81 Kriegstagebuch W. O. Sofia 1.7.–30.9.1943, Aktennotiz Wehrwirtschaftsoffizier (W. O.) Sofia 15.7.1943.

Kollaboration durch Beteiligung am Holocaust?

Die Frage der bulgarischen Beteiligung am Holocaust ist bis heute ein höchst emotional aufgeladenes Thema in Bulgarien und sorgt immer noch für Verstimmungen mit Nordmazedonien. Bis heute lautet die offizielle Darstellung, dass Bulgarien durch den zu starken Druck und mit Blick auf die angeblich große deutsche Militärpräsenz im Land gezwungen gewesen sei, die jüdische Bevölkerung der bulgarisch besetzten Gebiete an das Deutsche Reich auszuliefern. Die jüdischen Bulgaren in Altbulgarien aber seien vom Zaren, der bulgarischen Regierung und durch Proteste der bulgarischen Bevölkerung vor dem Holocaust bewahrt worden.

Ganz ähnlich wie in Deutschland bildete die jüdische Religionsgemeinschaft in Bulgarien mit weniger als einem Prozent an der Gesamtbevölkerung eine kleine Minderheit. Allerdings war der Antisemitismus in Bulgarien nur schwach ausgeprägt und eher auf gesellschaftliche Eliten konzentriert. Es gab weder führende jüdische Politiker noch hohe jüdische Staatsbeamte oder Militärs.[94] Antisemitismus in der Öffentlichkeit war das erste Mal bei den bereits erwähnten gewalttätigen Ausschreitungen rechtsgerichteter Gruppen in Sofia 1938 erkennbar. Nachdem im Februar 1940 Petăr Gabrovski an die Spitze des Innenministeriums berufen worden war, begann auch eine immer offenere antisemitische Politik des Staates. Dabei ist im Einzelfall schwer einzuschätzen, ob diese Maßnahmen jeweils Konsens der politischen Elite der Zarendiktatur, ein Zugeständnis an die rechtsgerichteten Kräfte im Land oder eine Reaktion auf den immer größeren Einfluss des Deutschen Reiches waren.

Eine Tatsache ist, dass ab Januar 1941 die öffentliche Diskriminierung der jüdischen Bevölkerung seitens der staatlichen Behörden spürbar zunahm.[95] Anfang 1942 wurden mehrere jüdische Vereinigungen und Organisationen verboten und ihr Eigentum beschlagnahmt.[96] Ähnlich wie auch die anderen Dreimächtestaaten bereicherte sich

94 Benbassa, Rodrigue: Die Geschichte der sephardischen Juden, S. 157; Jan Rychlík: Zweierlei Politik gegenüber der Minderheit: Verfolgung und Rettung bulgarischer Juden 1940–1944. In: Wolfgang Benz, Juliane Wetzel (Hgg.): Solidarität und Hilfe für Juden während der NS-Zeit, Regionalstudien 4. Berlin 2004, S. 61–98, hier: S. 63.

95 Ana Luleva: Die Zwangsarbeit in Bulgarien 1941–1944. In: Alexander von Plato, Almuth Leh, Christoph Thonfeld (Hgg.): Hitlers Sklaven. Lebensgeschichtliche Analysen zur Zwangsarbeit im internationalen Vergleich. Wien 2008, S. 171–183, hier: S. 172f. Siehe auch: Nedo Nedev: Zar Boris III. Dvorezăt i tajnijat kabinet [Zar Boris III. Königshof und Geheimkabinett]. Plovdiv 2009, S. 372–380.

96 BA MA, RW 29/77 Anlagen zum Kriegstagebuch für die Zeit vom 8.5.41 bis 30.9.42, Wehrwirtschaftsoffizier (W. O.) Sofia, Lagebericht Nr. 6 W. O. Sofia 31.1.1942.

das finanziell klamme Bulgarien an jüdischen Vermögenswerten.[97] Zu dieser Zeit war im Deutschen Reich die endgültige und systematische Vernichtung der jüdischen Bevölkerung im deutschen Machtbereich und dem der Verbündeten beschlossen worden. Fakt ist, dass spätestens im Juni 1942 das Auswärtige Amt die bulgarische Regierung drängte, der Deportation aller bulgarischen Juden zuzustimmen.[98] Sicher ist auch, dass nur zwei Monate später das bulgarische Innenministerium eine neue, 160 Mitarbeiter umfassende Unterbehörde, das „Kommissariat für jüdische Fragen", einrichtete, deren Leitung von Alexandăr Belev übernommen wurde.[99] Entsprechende Unterabteilungen wurden in den „neuen Gebieten" eingerichtet, etwa im September 1942 in Skopje. Auch in den von Bulgarien besetzten Gebieten wurden nun die dort lebenden Juden gezwungen, ihre Papiere gegen einen neuen, andersfarbigen „Judenpass" umzutauschen. Waren Juden bislang als Religionsgruppe definiert worden, wurde nun von jüdischer „Abstammung" gesprochen und somit nach deutschem Vorbild ethnisch ausgelegt.[100] Auch durften dort Juden keine Ehen mit Nichtjuden eingehen.[101] Von einem Widerstand seitens der bulgarischen Staatsverwaltung gegen die antijüdischen Maßnahmen kann, soweit die entsprechenden Akten ausgewertet wurden, keine Rede sein. Auch das Verhalten von Zar Boris, der auch weiterhin persönliche Kontakte zum Oberrabbiner von Sofia unterhielt, kann in der Frage der Judenpolitik seiner Regierung allenfalls als passiv bezeichnet werden.[102] Die italienische Literaturwissenschaftlerin und Kulturjournalistin Cristina Siccardi behauptet zwar in ihrem Buch über Zarin Giovanna im Jahre 2001, dass diese sich bemüht habe, bulgarischen Juden mittels der Beschaffung italienischer Pässe eine Auswanderung nach Argentinien zu ermöglichen, führt jedoch keine Quellenbelege an.[103]

Der deutsche Gesandte in Sofia, Adolf-Heinz Beckerle, berichtete am 14. Dezember 1942 nach Berlin, dass die bulgarischen Behörden insgesamt weniger energisch gegen die jüdische Bevölkerung vorgingen. Dies führte er darauf zurück, dass die bul-

97 Aly: Hitlers Volksstaat, S. 261.

98 Hans-Joachim Hoppe: Bulgarien. In: Wolfgang Benz (Hg.): Dimensionen des Völkermords. Die Zahl der jüdischen Opfer des Nationalsozialismus. München 1991, S. 282.

99 Paul Mojzes: Balkan Genocides: Holocaust and Ethnic Cleansing in the Twentieth Century. Plymouth 2011, S. 102.

100 Chary: The Bulgarian Jews and the Final Solution 1940–1944, S. 54f.

101 Aleksandar Matkowski: Destruction of Macedonian Jewry. Skopje 1982, S. 219.

102 Miller: Bulgaria during the Second World War, S. 104.

103 Siccardi: Giovanna di Savoia, S. 185ff.

garische Bevölkerung im Allgemeinen dem „Kampf gegen das Judentum" eher verständnislos gegenüberstünde.[104] Andererseits äußerte Zar Boris III. am 15. April 1943 in einem Gespräch mit den wichtigsten Oberhäuptern der bulgarisch-orthodoxen Kirche, dass die Juden ein „historisches Problem" darstellten und ihrem „spekulativen Geist" die „gegenwärtige Weltkatastrophe" zu verdanken sei.[105] Im Januar 1943 entsandte die deutsche Regierung den Deportationsexperten Theodor Dannecker als „Berater" für das bulgarische „Kommissariat für jüdische Fragen" nach Sofia.[106] Gemeinsam mit Belev wurde in den darauf folgenden Wochen der Plan ausgearbeitet, zunächst die jüdische Bevölkerung aus den bulgarisch besetzten Gebieten zur „Ansiedlung" ins deutsche Generalgouvernement Warschau zu deportieren. Insgesamt planten sie dabei mit zunächst 20.000 Juden, auch wenn Belev und seinen Mitarbeitern bewusst war, dass in den „neubulgarischen" Territorien weniger als 12.000 Juden lebten. Die geplante Zahl von 20.000 sollte mit Juden aus Altbulgarien aufgefüllt werden. Mitte Februar 1943 gab die bulgarische Regierung dafür ihre Zustimmung.

Bereits kurz nach dem Einmarsch bulgarischer Truppen in Makedonien und Thrakien hatten sich alle Juden dort im Polizeiregister eintragen müssen. Anders als anderen Bevölkerungsgruppen wurde ihnen die bulgarische Staatsbürgerschaft verwehrt. Ein Jahr später mussten alle Juden ihre Häuser, Wohnungen, Geschäfte und Betriebe mit Davidsternen als jüdisch kennzeichnen. Ab September 1942 mussten Juden älter als zehn Jahre den gelben Davidstern kaufen und an der Kleidung tragen.[107] Zunächst entzog die bulgarische Regierung durch immer größere Einschränkungen den makedonischen und thrakischen Juden endgültig ihre ökonomische Grundlage. So erlegte ihnen das bulgarische Finanzministerium eine Sondersteuer in Höhe von zwanzig Prozent ihres Besitzes auf. Wenig später wurden sämtliche jüdischen Handwerksläden zwangsweise geschlossen, jüdische Geschäftsleute gezwungen, ihren Besitz nichtjüdischen Bürgern zu verkaufen und ihr Vermögen auf festgelegte Banken einzuzahlen. Unmittelbar darauf sperrten die bulgarischen Behörden diese eingerichteten Konten, was einer Konfiszierung der Geldeinlagen gleichkam.[108] In der Nacht vom 3. zum 4. März 1943 begannen die bulgarischen Besatzungsbehörden mit der vorbereiteten

104 Arakchiyska: Kann ein Mensch dabei untätig bleiben?, S. 34.
105 Ivkova: Rettung und Mord, S. 68.
106 Claudia Steur: Theodor Dannecker. Ein Funktionär der „Endlösung". Essen 1996, S. 97f.
107 Kristina Birri-Tomovska: Jews of Yugoslavia 1918–1941. A History of Macedonian Sephards. Wien 2012, S. 282f.
108 Aleksandar Matkovski: The Destruction of Macedonian Jewry in 1943. In: Yad Vashem Studies III. Jerusalem 1959, S. 203–258, hier: S. 214f.

Verhaftung der jüdischen Bevölkerung im besetzten Thrakien und deren anschließender Deportation in Richtung des bulgarischen Donauhafens Lom.[109] Ganz ähnlich verlief die Deportation in Vardar-Makedonien. In der Nacht vom 10. zum 11. März riegelte die bulgarische Polizei, unterstützt von Mitgliedern der staatlichen Brannik-Jugend in Skopje, Bitola und Štip, die jüdischen Wohnviertel ab.[110] Juden mit spanischer, italienischer oder albanischer Staatsbürgerschaft wurden abgeschoben. Soweit nicht einigen wenigen die Flucht gelang, wurden zwischen dem 22. und 29. März sämtliche internierten Juden nach Treblinka abtransportiert.[111] Das gleiche Schicksal erlitten die Juden in den bulgarisch besetzten serbischen Gebieten.[112]

In beiden Besatzungsgebieten gab es wenige Fälle, in denen Bulgaren, teilweise mit Erfolg, aktiv versuchten, Juden vor der Deportation zu retten.[113] Zwischen März und August 1943 erfolgte darüber hinaus die Deportation der etwa 48.000 Juden aus dem deutsch besetzten Thessaloniki über die Vardar-Bahn. Zwar hatte die bulgarische Regierung 1941 die Kontrolle der Eisenbahn in den „Neuen Gebieten" dem Deutschen Reich überlassen, unterstützte jedoch mit der Durchfahrtserlaubnis indirekt die Deportation der nordgriechischen Juden.[114]

---

109 Martin Gilbert: The Routledge Atlas of the Holocaust. Routledge, London, New York ³2002, S. 150f.

110 Zu den Vorgängen der Deportation siehe Ivan Stoilov Hadžijski: Sădbata na evrejskoto naselenie v Belomorska Trakija, Vardarska Makedonia i Jugozapadna Bălgarija prez 1941–1944 [Das Schicksal der jüdischen Bevölkerung in Thrakien am Weißen Meer, in Vardarmakedonien und im Südwesten Bulgariens in den Jahren 1941–1944]. Dupnica 2004; sowie die doppelbändige Quellensammlung Deportiraneto na evreite ot Vardarska Makedonija, Belomorska Trakija i Pirot, mart 1943 g. Dokumenti ot bălgarskite archivi. Tom 1–2 [Die Deportation der Juden aus Vardarmakedonien, Weißmeerthrakien und Pirot, März 1943. Dokumente aus den bulgarischen Archiven], hgg. von Nadja Danova und Rumen Avramov. Sofija 2013; sowie die Auszüge von Zeitzeugenberichten auf der Homepage der jüdischen Gemeinde von Bitola, <http://www.jewishcommunitybitola.mk/bitola/40-bitola/59-bitola.html?start=2>, 8.11.2021.

111 Der in Österreich eingetragene Verein „Zentrum zur Erforschung und Dokumentation jüdischen Lebens in Ost- und Mitteleuropa" veröffentlichte auf Basis von Zeitzeugen und Zeitzeugnissen auf seiner Plattform Centropa einen Dokumentarfilm über die Deportation der makedonischen Juden 1943 („Bulgarien und der Holocaust"), <http://www.centropa.org/de/centropa-cinema/history-bulgarian-jewry-during-holocaust>, 8.11.2021.

112 David Koen et al. (Hgg.): Borbata na bălgarskija narod za zaštita i spasjavane na evreite v Bălgaria po vreme na vtorata svetovna vojna 1941–1944. Dokumenti i Materiali [Der Kampf des bulgarischen Volkes um Verteidigung und Rettung der Juden in Bulgarien in der Zeit des Zweiten Weltkrieges. Dokumente und Materialien]. Sofija 1978, Dokument 120, S. 203.

113 Arakchiyska: Kann ein Mensch dabei untätig bleiben?, S. 73f., S. 144–159.

114 Zur Deportation der jüdischen Bevölkerung von Thessaloniki siehe Georg Bossong: Die Sepharden. Geschichte und Kultur der spanischen Juden. München 2008, S. 111; Erhard Roy Wiehn: Juden in Thessaloniki. Konstanz 2001, S. 29.

Parallel zu den Deportationsmaßnahmen in den besetzten Gebieten wurde seitens des Kommissariats für jüdische Fragen auch die Internierung und Deportation mehrerer Tausend Juden aus Altbulgarien vorbereitet. Diese kamen aber nicht mehr zur Ausführung. Auftretende öffentliche Proteste im Land dürften ein Teilgrund gewesen sein.[115] Wie verbreitet die Ablehnung der antijüdischen Maßnahmen seit 1941 und der stattfindenden Internierungen und Deportationen in der Bevölkerung war, ist noch nicht abschließend erforscht. Bis heute ist jedoch im nationalen kollektiven Gedächtnis fest verankert, dass Bulgarien seine jüdische Bevölkerung vor der Vernichtung beschützt habe. Es ist jedoch zu vermuten, dass die sich 1943 abzeichnende Kriegswende zuungunsten der Achsenmächte für die Führungsriege um Zar Boris III. ein entscheidungsrelevantes Moment gewesen ist. Sehr bald nach Ende des Krieges wanderte der allergrößte Teil der Juden aus Bulgarien nach Israel aus. Die Gründe dafür waren in der Nachkriegszeit sicherlich vielfältig und reichten von antisozialistischer Haltung, der bedrückenden antisemitischen Stimmung der späten Stalin-Ära, in der sie teilweise als „Zionisten" oder „Kosmopoliten" drangsaliert wurden, und dem Willen, am Aufbau des neu gegründeten Staates Israel mitzuwirken. Es kann jedoch sehr wohl vermutet werden, dass die Erfahrungen einer drohenden Deportation durch das Zarenregime in die Hände der Deutschen bei vielen jüdischen Bulgaren erheblich dazu beigetragen haben, sich für eine Auswanderung zu entscheiden.

Die bulgarische Kollaboration nach dem Tod von Zar Boris III. bis zum Abbruch der diplomatischen Beziehungen am 5. September 1944

Ab Sommer 1943 begann die bulgarische Regierung allmählich, eine zurückhaltendere Politik gegenüber der deutschen Einflussnahme einzunehmen. Die Rückschläge auf dem nordafrikanischen und sowjetischen Kriegsschauplatz ließen vermuten, dass der Kriegsverlauf eine Wende erlebte. Hinzu kamen die immer größeren Versorgungsengpässe in Bulgarien selbst, die den innenpolitischen Druck auf die Regierung erhöhten. Die spürbaren Partisanenaktivitäten wurden mit Gegenterror beantwortet, was wiederum dem Widerstand Zulauf bescherte und die Situation zusätzlich verschärfte.

115 Arakchiyska: Kann ein Mensch dabei untätig bleiben?, S. 130–143.

Gegenüber dem Deutschen Reich bestand im Sommer 1943 die Situation, dass dieses in einem Umfang von mittlerweile fast einer halben Milliarde Reichsmark im gegenseitigen Clearing-Verfahren gegenüber Bulgarien verschuldet war. Ob diese Schulden je eingelöst werden würden, wurde immer ungewisser. Bereits seit 1941 hatte Bulgarien akzeptiert, dass die aufgelaufenen Schulden in deutsche Kriegsanleihen umgewandelt wurden. Verlor das Deutsche Reich den Krieg, würden diese Kriegsanleihen wertlos sein.[116] Die bulgarische Regierung war daher immer weniger bereit, weitere einseitige Verkäufe zu akzeptieren und drängte darauf, dass die deutschen Clearing-Schulden in Waren eingelöst werden sollten. Als Druckmittel verschleppte die bulgarische Regierung bewusst sogar die Transferierung deutscher Überweisungen an die bulgarische Nationalbank, über die die eingesetzten Arbeiter der Organisation Todt in den wehrwirtschaftlich wichtigen Molybdänerzbergwerken in Makedonien bezahlt werden sollten. In den Bergwerksgruben mussten daraufhin Tausende Arbeitskräfte entlassen werden, und der Molybdänabbau geriet ins Stocken.[117]

Im Sommer 1943 ereignete sich die deutsche Niederlage von Kursk, und alliierte Truppen landeten in Süditalien. Die deutsche Reichsregierung erhöhte den Druck auf Bulgarien, sich stärker militärisch zu engagieren. Bulgarien solle Truppen an die Ostfront entsenden. Am 3. Juni 1943 traf Boris III. Hitler in Berchtesgaden, verweigerte aber einen Kriegseintritt gegen die UdSSR. Wenig später stürzte Mussolini, und Italien wechselte die Fronten. Spätestens jetzt dürfte für die bulgarischen Regierungsvertreter klar gewesen sein, dass das Deutsche Reich den Krieg verlieren würde.

Zu einem tiefen Einschnitt kam es, als Boris III. am 28. August 1943 nach einer Wanderung im Rila-Gebirge starb. Ihm folgte als neuer Zar sein erst sechsjähriger Sohn Simeon. Es wurde ein vorläufiger Regentschaftsrat aus dem Bruder des verstorbenen Zaren, Fürst Kyrill, Ministerpräsident Filov und Kriegsminister Nikolai Michov eingesetzt. Der wichtigste Vertreter des prodeutschen Kurses, Innenminister Gabrovski, durfte wenige Tage das Amt des Ministerpräsidenten übernehmen, wurde dann aber vom Regentschaftsrat entlassen. Zwar rückte mit dem Ratnici Dočo Christov ein neuer rechtsgerichteter und prodeutscher Innenminister nach, doch besaß dieser wesent-

116 Aly: Hitlers Volksstaat, S. 259.

117 BA MA, RW 29/81 Kriegstagebuch W. O. Sofia 1.7.–30.9.1943, Überblick über die wehrwirtschaftliche Lage Bulgariens und die Tätigkeit des Deutschen Wehrwirtschaftsoffiziers Sofia im III. Quartal 1943 sowie Aktennotiz W. O. Sofia 30.9.1943.

lich geringeren politischen Einfluss. Im November 1943 wurde eine neue Regierung unter Dobri Božilov berufen. Der Regentschaftsrat und die neue Regierung führten die bereits begonnene distanzierte Politik gegenüber deutschen Wünschen fort, wagten es aber auch nicht, klare Wechselbereitschaft an die Alliierten zu zeigen. Stattdessen verlor die bulgarische Führung angesichts der großen wirtschaftlichen Probleme und der nun vehement geführten alliierten Bombenangriffe auf bulgarische Städte schnell ihren ohnehin geringen Rückhalt in der Bevölkerung. Als sich sowjetische Truppen Rumänien näherten, drängte die deutsche Regierung abermals, Bulgarien solle sich mehr engagieren. Zwar wurden daraufhin als Zugeständnis im bulgarischen Generalstab mehr jüngere, deutschfreundliche Offiziere befördert. Sowjetischer Druck, Konsulate in Ruse und Burgas eröffnen zu dürfen, führte aber zum Sturz der Regierung Božilov. An deren Stelle wurde am 1. Juni 1944 der frühere Landwirtschaftsminister Ivan Bagrjanov zum neuen Ministerpräsidenten berufen. Dieser wurde zwar von der Linksopposition nicht gänzlich abgelehnt, doch gelang es ihm nicht, eine Koalition aus bürgerlichen und linksgerichteten Kräften zu bilden.[118] Das Kabinett Bagrjanov versuchte drei Wochen später, Kontakt zu den Westalliierten bezüglich möglicher Friedensbedingungen herzustellen. Diese forderten aber den sofortigen Bruch mit dem Deutschen Reich, die Internierung aller Deutschen in Bulgarien und den Rückzug aus allen besetzten Gebieten. Eine Zusage für militärischen Schutz gegen einen zu erwartenden sowjetischen Einmarsch wollten die Westalliierten nicht geben.[119] Die bulgarische Regierung konnte sich daraufhin zu keiner wirklichen Entscheidung durchringen. Weitere geheime Verhandlungsversuche brachten keine Ergebnisse. Als schließlich sowjetische Truppen nach Rumänien vorstießen und es in Bukarest am 23. August 1944 zu einem Staatsstreich kam, konnte sich auch das Kabinett Bagrjanov nicht mehr halten. Dem am 2. September nachfolgenden Kabinett unter Konstantin Muraviev war nur eine kurze Lebensdauer beschieden. Am 5. September erklärte die UdSSR Bulgarien den Krieg. Einen Tag später brach die Regierung Muraviev die Beziehungen zum Deutschen Reich ab. Am 8. September putschte ein Bündnis aus Offizieren, Kommunisten und anderen linksgerichteten Kräften, während gleichzei-

---

118 Daniel Vačkov: Pătjat na komunističeskata partija kăm vlastta (1939–1944) [Der Weg der Kommunistischen Partei zur Macht (1939–1944)]. In: Ivajlo Znepolski (Hg.): Istorija na Narodna Republika Bălgarija: Režimăt i obstestvoto. [Geschichte der Volksrepublik Bulgarien: Regime und der Gesellschaft]. Sofija 2009, S. 91–130, hier: S. 96f.

119 Mitrovski: Das bulgarische Heer, S. 229f.

tig sowjetische Truppen in Bulgarien einmarschierten. Einen Tag später erklärten die Putschisten Deutschland den Krieg. Damit besiegelte der Versuch, als eigenwilliger Partner in einem pragmatischen Bündnis mit dem Deutschen Reich, bestmöglich vom Zweiten Weltkrieg zu profitieren, das Schicksal der Zarenherrschaft in Bulgarien. Als „Gendarm auf dem Balkan" hatte sich die Königsdiktatur an der Ausbeutung und Unterdrückung des zerschlagenen Jugoslawiens und Griechenlands beteiligt. Über 11.000 Juden waren in den sicheren Tod geschickt worden.

Wie viele rechtsgerichtete Militärs und Politiker sich mit den deutschen Truppen absetzten und Zuflucht in Österreich oder dem Deutschen Reich suchten, ist bis heute nicht näher erforscht. Einer der führenden Politiker im Exil war Aleksandăr Cankov, der in Wien eine nationalbulgarische Exilregierung ausrief und sich bemühte, aus Auslandsbulgaren, insbesondere bulgarischen Auslandsstudenten, bulgarische Kampfeinheiten zur Unterstützung der deutschen Wehrmacht zu organisieren. Die Versuche kamen jedoch bis Kriegsende über erste Ansätze nicht hinaus. Cankov wurde schließlich von US-Truppen interniert und emigrierte wenig später nach Südamerika.[120]

Bulgarien, das im Sommer 1944 ein wirtschaftlich darniederliegendes und gesellschaftlich tief zerrissenes Land war, schloss sich unter der Putschregierung den Alliierten an. Während der letzten Kriegsmonate beteiligten sich auf dem jugoslawischen und später auf dem ungarischen Kriegsschauplatz mehrere Hunderttausend bulgarische Soldaten an der Seite der sowjetischen Armeen im Kampf gegen die deutsche Wehrmacht. Bis Kriegsende wurden bei diesen Kämpfen fast 32.000 von ihnen getötet oder verwundet. Bei den Friedensverhandlungen zählte Bulgarien trotz des Seitenwechsels nicht zu den Siegermächten, konnte aufgrund dessen aber in den Pariser Friedenskonferenzen 1946 einen sehr milden Frieden abschließen.

Bis heute sind noch zahlreiche Fragen, unter anderem hinsichtlich der bulgarischen Zarendiktatur und deren Kollaboration mit den Achsenmächten sowie der Rolle wichtiger Akteure der gesellschaftlichen und politischen Eliten des Landes offen und harren tiefergehender Detailstudien.

120 Zur Rolle von Aleksandăr Cankov in den letzten Kriegsmonaten siehe Nedju Nedev: Aleksandăr Cankov: Legiona. Ratnik. Pravitelstvo văv Viena. Smărt v Aržentina [Aleksandar Cankov: Legionär. Kämpfer. Regierung in Wien. Tod in Argentinien]. Plovdiv 2015.

Dr. Björn Opfer-Klinger (geb. 1972) studierte in Göttingen und Wien Mittlere und Neuere Geschichte, Politikwissenschaft und Osteuropäische Geschichte. Er promovierte 2004 zur bulgarischen Besatzungsherrschaft in Vardar-Makedonien während des Ersten und Zweiten Weltkrieges. Parallel arbeitete er bei verschiedenen Zeitungs- und Buchverlagen in Sofia und Hildesheim sowie als Redakteur für Bildungsmedien an den Universitäten Göttingen und Dresden. Seit 2004 arbeitet er als Schulbuchredakteur im Bereich Geschichte gymnasiale Oberstufe/berufliche Bildung für den Ernst Klett Verlag in Leipzig und ist freiberuflich als Dozent in der Erwachsenenbildung und als wissenschaftlicher Autor tätig.

E-Mail: B_Opfer@yahoo.de

Zusammenfassung

Bulgariens Rolle im deutschen Bündnissystem des Dreimächtepaktes 1941–1944

Seit Ende der 1930er-Jahre geriet die bulgarische Königsdiktatur unter Boris III. in wirtschaftliche Abhängigkeit zum Deutschen Reich. Gleichzeitig wuchs der innenpolitische Druck seitens faschistoider, radikalnationalistischer Kräfte auf das Zarenregime. Der italienische Überfall auf Griechenland, die daraufhin dort erfolgende Stationierung britischer Luftstreitkräfte und der politische Umsturz in Jugoslawien führten jedoch zu einem direkten militärischen Eingreifen des Deutschen Reiches in Südosteuropa. Am 1. März 1941 schloss sich Bulgarien daraufhin dem Dreimächtepakt an. Es behielt aber im Bündnis eine gewisse Sonderrolle, da es sich einer direkten militärischen Beteiligung im Krieg gegen die UdSSR entziehen konnte.

Abstract

Bulgaria's Role in the German Alliance System of the Tripartite Pact 1941–1944

In the late 1930s, the Bulgarian royal dictatorship under Boris III. increasingly became economically dependent on Nazi Germany. At the same time, domestic pressure from fascist and radical nationalist forces grew on the tsarist regime. The Italian invasion of Greece, the subsequent stationing of the British Air Force in the region and the political upheaval in Yugoslavia led to direct military intervention by the German Empire In South-Eastern Europe though. On March 1 March 1941, Bulgaria joined the Axis Powers. However, it retained a special role in the alliance, as it was able to avoid direct military involvement in the war against the USSR.

Keywords: Bulgaria, nationalism, dictatorship, World War II, Nazi Germany

Ágnes Tóth

Korrekturen der stalinistischen Nationalitätenpolitik in Ungarn? Zu den Entwicklungen in den Jahren 1950 bis 1965

Nach der kommunistischen Machtübernahme wurde die Nationalitätenpolitik[1] in Ungarn – ähnlich, wie in den anderen Ländern des Sowjetblocks – gemäß den von Lenin ausgearbeiteten, dann von seinen Nachfolgern mehrfach modifizierten Prinzipien sowie durch die praktischen Erfahrungen in der Sowjetunion bestimmt.[2] Lenins Ausgangspunkt war – entsprechend den Prinzipien des Marxismus –, dass die Identität einer gegebenen Person oder gesellschaftlichen Gruppe im Wesentlichen durch seinen, im Zuge des Klassenkampfes erstrittenen Status definiert werde. Die Aneignung der Macht sah er mittels der Schaffung und der Anwendung des demokratischen Zentralismus als gesichert an. Aus all dem folgte auch, dass er langfristig die gesellschaftsorganisierende Kraft und Bedeutung der nationalen Identität leugnete. Gleichzeitig rechneten sowohl Lenin als auch Stalin damit, dass man im Interesse der Festigung der Macht der Mehrheit bzw. der nach Hegemonie strebenden ethnischen Gruppe für längere oder kürzere Zeit gezwungen sein könne, die Selbstbestimmung und Autonomie der auf ihrem Territorium lebenden Nationalitäten sicherzustellen. Die Gewährung dieser Rechte betrachteten sie allerdings strikt als ein vorübergehendes Phänomen und als Mittel, um Konflikte, die im Laufe des historischen Zusammenlebens entstanden seien, zu lösen und damit die Hindernisse für eine spätere freiwillige Assimilation aus dem Weg zu schaffen.

„Die allgemeine menschliche Kultur, die in Richtung des Sozialismus fortschreitet,

1 „Nationalitätenpolitik" bezeichnet die Politik gegenüber den ethnischen bzw. nationalen Minderheiten; „Nationalitäten" bezeichnet die ethnischen bzw. nationalen Minderheiten.

2 Zu den grundlegenden Merkmalen der leninschen und stalinschen Nationalitätenpolitik siehe Gerhard Seewann, A magyarországi németek története 1860–2006 [Geschichte der Deutschen in Ungarn 1860–2006], Bd. 2. Marburg, 2012, S. 372–377; Stefano Bottoni, A várva várt Nyugat. Kelet-Európa története 1944-től napjainkig [Der sehnlichst erwartete Westen. Geschichte Osteuropas von 1944 bis in die Gegenwart]. Budapest 2015, S. 88–92.

ist hinsichtlich ihres Inhalts eine proletarische Kultur, hinsichtlich ihrer Form eine nationale Kultur. Die proletarische Kultur hebt die nationale Kultur nicht auf, sondern verleiht ihr einen Inhalt. Und umgekehrt: Die nationale Kultur hebt die proletarische Kultur nicht auf, sondern gibt ihr eine Form"[3] – so Stalin im Jahre 1925, womit er für lange Zeit die Richtlinien der sozialistischen Minderheitenpolitik festlegte.

Aus dem Obigen – aus der Leugnung der Bedeutung der nationalen Bindung und dem Primat des proletarischen Internationalismus – folgte automatisch, dass im Sozialismus nicht nur die nationalen und Nationalitätenkonflikte ein Ende finden würden, sondern dass nach einer Übergangszeit auch die vollständige Assimilation der Minderheiten eintreten würde. Gemäß der sogenannten Automatismus-Konzeption sollten „die nationalen Bestrebungen der Sache des allgemeinen menschlichen Fortschritts, der das höchste Interesse auch der einzelnen Nationen darstelle, untergeordnet werden."[4]

In Ungarn begann die Adaption der leninistisch-stalinistischen Minderheitenpolitik zur Jahreswende 1949/50. Auch auf diesem Gebiet wurden sämtliche Vorstellungen und Schritte durch die Stellungnahmen der Partei bestimmt. Der Spielraum der verschiedenen staatlichen Organisationen sowie die Aktivitäten der Nationalitätenverbände und örtlichen Gemeinschaften wurde beendet oder auf ein Minimum beschränkt. Das angestrebte stalinsche Ideal „nationale Form, sozialistischer Inhalt" verlangte in Wirklichkeit von allen Mitgliedern der Nationalitäten- und Mehrheitsgesellschaft eine vollständige Nationalitätslosigkeit. Die politische Macht ging währenddessen auf pharisäische Weise vor. Jede Manifestation, die in Zusammenhang mit einer nationalen Identität stand, wurde als „nationalistisch" oder „chauvinistisch" gebrandmarkt, gleichzeitig wurden aber in vielen Fällen die Gegensätze zwischen der Mehrheitsgesellschaft und den Minderheitengemeinschaften von ihr selbst geschürt. Dieses Mittel wandte sie insbesondere gegen die deutsche und die südslawischen Minderheitengemeinschaften an.

Die politische Macht schuf zwar in den Jahren zwischen 1949 und 1955 die rechtlichen Voraussetzungen für die gesellschaftliche Integration der deutschen Minderheit, sie

3 Seewann, A magyarországi németek története, S. 375.

4 Erzsébet Andics, Nemzetiségi kérdés, nemzetiségi politika [Nationalitätenfrage, Nationalitätenpolitik]. Budapest 1946, S.12.

beendete aber nicht ihre Stigmatisierung. Die Mitgliedschaft im nationalsozialistisch ausgerichteten „Volksbund der Deutschen in Ungarn" wurde als politisch diskreditierender Faktor praktisch nicht nur auf die eine oder andere Person, sondern auf die gesamte Gemeinschaft bezogen. Der Kontakt zu vertriebenen Familienmitgliedern wurde nicht als menschliche Reaktion, sondern als Zusammenarbeit mit den Feinden des Sozialismus angesehen. Das verschlossene Verhalten der deutschen Minderheit innerhalb der lokalen Gemeinschaft, insbesondere gegenüber den Neusiedlern, wurde nicht ihrer marginalisierten Situation und ihrer Einschüchterung, sondern dem Weiterleben ihrer einstigen Organisation und Einheit zugeschrieben.
Die durch die Vertreibung zerstreuten örtlichen deutschen Gemeinschaften wandten sich tatsächlich allein ihrer Gemeinschaft zu und stützten sich in erster Linie auf das zwischen ihnen noch bestehende Beziehungsnetz und auf die gemeinsamen Sozialisationserfahrungen. Wenn sie es konnten, dann bildeten sie ausschließlich mit deutschen Mitgliedern eigene Produktionsgenossenschaften oder arbeiteten innerhalb der wirtschaftlichen Organisationen in eigenständigen deutschen Brigaden. Die Machthaber aber brandmarkten die elementarsten Anzeichen dieses Bestrebens bzw. dieses Zusammenhaltens, ihre aktive Religionsübung und die Bevorzugung ihrer eigenen Kultur bereits als Chauvinismus.
Auch die Partei- und Ratsorgane der verschiedenen Ebenen erkannten an, dass die Deutschen fleißig seien. Sie würden ihrer Ablieferungs- und Steuerpflicht rechtzeitig und vollständig nachkommen und in den Industriebetrieben eine herausragende Arbeit leisten. Ein Mitarbeiter der Staatssicherheitsbehörde (Staatssicherheitsdienst) ÁVH des Komitats Baranya formulierte es in einem Bericht folgendermaßen: Sie haben die „Bedeutung der Staatsdisziplin" erkannt.[5]

5 „In den drei untersuchten Gemeinden kommen die Werktätigen mit deutscher Muttersprache im Allgemeinen ihren Aufgaben in der Produktion gut nach, was sich daran zeigt, dass sie beispielsweise in Püspöklakon die meisten Arbeitseinheiten der Genossenschaftsmitglieder bilden, in Ófalun die werktätigen Bauern ihre Arbeit rechtzeitig erledigen und jeden Fußbreit der schwer zu bearbeitenden Fläche bestellen. [...] Die Werktätigen mit deutscher Muttersprache in diesen Gemeinden erfüllen ihre Abgaben zu 100 Prozent und haben keine Steuerschulden. Hier ragt insbesondere das Pflichtbewusstsein der deutschsprachigen Werktätigen der Gemeinde Ófalu heraus, denn Ófalu hat die Wanderfahne für Ablieferung erhalten." (Bericht über die Bewertung der parteipolitischen Arbeit unter den deutschsprachigen Werktätigen, 2. Dezember 1952; Magyar Nemzeti Leveltar (i.F.: MNL; Ungarisches Staatsarchiv), Baranya Megyei Leveltara (i.F.: BML; Kreisarchiv Baranya) XXXV. 36., 2. cs. (Korrespondenz und Aufzeichnungen in Nationalitätenangelegenheiten), 73/4. ö.e.).

Die Parteiführung erwartete von den Mitgliedern der örtlichen Partei- und Räteapparate, die in früheren Jahrzehnten aufgestauten wirtschaftlichen und sozialen Spannungen zu beenden und die Deutschen dazu zu bringen, gemäß den stalinschen Postulaten der These von der „nationalen Form, sozialistischen Gesellschaft" in die Partei- und Massenorganisationen einzutreten. Hierdurch sollten sie politisch pazifiziert werden. Dies war allerdings nicht nur aufgrund der personellen Zusammensetzung der lokalen Apparate – also der mangelnden Bildung ihrer Funktionäre und widersprüchlicher Interessenslagen –, sondern auch wegen des Widerstands der Deutschen nicht zu verwirklichen. Ihre Mehrzahl wurde aufgrund der Kollektivbestrafung und Vermögensenteignung wegen ihrer Tätigkeit in der Volksbundorganisation von der geringsten politischen Rollenübernahme abgeschreckt.

Im Interesse der Sicherstellung der totalen Kontrolle durch die Partei wurde in den Jahren 1950/51 die innere Struktur der Nationalitätenverbände umgestaltet und die Tätigkeit der Basisorganisationen auf dem Land verboten. Die Verbände wurden durch die Reorganisation zugleich zu Massenorganisationen und zu staatlichen Ämtern, die zum Ministerium für Volksbildung gehörten. Ihre Aktivitäten wurden auf das kulturelle Gebiet beschränkt, und innerhalb dieses Bereichs auf die Organisation von Gruppen zur Traditionspflege, auf die Koordinierung von Kulturveranstaltungen der nationalen Minderheiten (wie die Auftritte von Chor-, Tanz- und Orchestergruppen) sowie auf die Abhaltung von populärwissenschaftlichen Vorträgen.

Nach dem Tode Stalins kam es infolge des beginnenden Öffnungsprozesses in der Sowjetunion bzw. entsprechend der direkten Anweisungen der sowjetischen Parteiführung auch innerhalb der ungarischen kommunistischen Partei zu einer Machtverschiebung.

Die grundsätzliche Regelung der Nationalitätenfrage gehörte – verständlicherweise – nicht zu den entscheidenden Aufgaben der von Imre Nagy verkündeten „neue[n] Phase". Es ist allerdings offensichtlich, dass die Milderung der politischen Diktatur und die Veränderung der wirtschaftspolitischen Schwerpunkte auch die Nationalitätenbevölkerung positiv berührten. Die Gesetzesdirektive, die der Ministerrat am 24. Juli 1953 zur Praktizierung einer allgemeinen Amnestie annahm, bzw. die Beendigung der Polizeihaft (Internierung) sowie die teilweise Aufhebung der Ausschließungen wirkte sich besonders auf die deutsche und südslawische Bevölkerung positiv aus.[6] Der Regierungsantritt von Imre Nagy im Juni 1953 wurde in den Nationalitätendörfern von positiven Erwartungen begleitet. Zum einen befürworteten sie die Möglichkeit der Auflösung schlecht funktionierender Produktionsgenossenschaften und die Zurückdrängung der Investitionen in der Schwerindustrie, zum anderen hofften sie auf eine Beendigung der Diskriminierung der Nationalitäten und auf eine Stabilisierung der Eigentumsverhältnisse.[7] Und die Deutschen warteten auf die – lange verwehrte – Genehmigung, insbesondere ihre einst beschlagnahmten Häuser zurückkaufen zu können.

Die Zentralabteilung für Agitation und Propaganda der Ungarischen Partei der Werktätigen (MDP) warf in der zweiten Jahreshälfte 1953 den Gedanken auf, dass es notwendig sei, die gesellschaftliche Situation der Nationalitäten und die lokale Verwirklichung der Nationalitätenpolitik systematisch offenzulegen und die Frage vor das Politbüro zu bringen. Hierzu sollte es allerdings erst zwei Jahre später, nach der Entmachtung Imre Nagys, in der Phase der Restauration kommen.

Das tatsächliche Ziel der von der Abteilung für Wissenschaft und Kultur der Zentralen Führung der Partei der Ungarischen Werktätigen koordinierten, im Herbst 1955 durchgeführten Erhebung war es allerdings nicht – wie die Gesichtspunkte der Datensammlung und noch mehr die Ereignisse der folgenden Jahre zeigen –, die rechtlichen und institutionellen Möglichkeiten zur Wahrung der Identität der Nationalitäten zu stärken. Die kommunistische Partei wollte sich vielmehr vor allem über die Assimilationswirkung des sozialistischen Strukturwechsels und der teils vernachlässigenden, teils diskriminierenden Nationalitätenpolitik auf die einzelnen Gemeinschaften informieren.

Die Datensammlung erstreckte sich in diesem Sinne auf die Untersuchung des Einflusses der Partei auf die Nationalitäten, des Verhältnisses der Nationalitäten zur Par-

6 Törvények és Rendeletek Hivatalos Gyűjteménye – 1953 [Offizielles Kompendium der Gesetze und Verordnungen – 1953]. Budapest 1953, S. 14–15 und S. 193.

7 „In der Gemeinde Lapáncsa sagte József Havasi, dass er keinen Boden aus der LPG bräuchte, sie sollten damit machen, was sie wollten. Er verwendete drastische Ausdrücke und bemerkte, dass er auf alle Fälle die LPG verlassen werde. [...] Henrik Schmidt verbreitet in der Gemeinde (Illocska), dass die Volksbündler, Kulaken, Pfeilkreuzler und ausgesiedelten Schwaben jetzt zurückkommen würden, und sie würden alles zurückbekommen, was sie gehabt hätten, und wer jetzt in ihren Häusern wohne, würde vertrieben werden." (ÁVH-Bericht, 9. Juli 1953; MNL BML XXXV. 36., 1. cs., 124. ö.e.).

tei, der politischen Zuverlässigkeit der Nationalitäten sowie ihrer formalen anteilsmäßigen Repräsentation in den verschiedenen Gremien. In den Berichten erhielt die Analyse der Konflikte zwischen der Mehrheitsgesellschaft und den Nationalitäten sowie der Phänomene Nationalismus und Chauvinismus besonderes Gewicht.

Die wirtschaftliche Lage der Nationalitäten unterschied sich im Wesentlichen nicht von der Situation der Gesamtheit der dörflichen Gesellschaft. Die früher vorherrschenden Vermögensunterschiede wurden durch die Enteignung der Deutschen, die – im Falle der Südslawen, Rumänen und Slowaken – durchgeführte Zuteilungen von fünf bis zehn Katastraljoch Boden bzw. die Kollektivierung der Landwirtschaft nivelliert. Ähnlich wie die Mehrheit der Dorfbevölkerung arbeiteten sie entweder in Produktionsgenossenschaften oder wirtschafteten auf den Resten ihres Besitzes als selbstständige Landwirte. Trotz der materiellen Verluste, die die Deutschen nach dem Krieg erlitten hatten, kämpften sie sich bis Mitte der 1950er-Jahre – aufgrund herausragender Arbeitsleistungen und dem Pendeln einzelner Familienmitglieder in Industriebetriebe – in die Mittelschicht der bäuerlichen Gesellschaft zurück.

Gemäß den Berichten der Partei waren hinsichtlich der Verwendung der Muttersprache und des Festhaltens an der eigenen Kultur bei den einzelnen Nationalitäten bereits beträchtliche territoriale Unterschiede festzustellen. Als allgemeines Merkmal wurde festgestellt, dass die Assimilation bei allen Nationalitäten weit fortgeschritten sei und sich der Sprachgebrauch auf den persönlichen und den Kontakt untereinander beschränke. Dies war keineswegs erstaunlich, da der lokale Staats- und Verwaltungsapparat in einzelnen Gemeinden den Deutschen einfach verboten hatte, ihre Muttersprache zu verwenden. Aber die Erwartung „sprich ungarisch, wenn du ungarisches Brot isst" offenbarte sich auch im Falle der anderen Nationalitäten. Früher war in Gemeinden, in denen Ungarn, Deutsche und Südslawen zusammenlebten, abhängig von der jeweiligen Kontaktsituation zwischen den Sprachen gewechselt worden. Bis Mitte der 1950er-Jahre trat dieses Phänomen vollständig in den Hintergrund. Als einziger öffentlicher Ort der Verwendung der Muttersprache verblieb die Kirche. Gemäß den Berichten war es beachtenswert, dass die ältere Generation und die kleinen Kinder vor Schulbeginn kaum Ungarisch konnten. Bei den Schulkindern und den Jugendlichen hingegen verringerte sich die muttersprachliche Kompetenz rasant, was das Ausbildungsniveau der Nationalitätenschule bzw. ihren Einfluss auf den Sprachgebrauch gut vor Augen führte. Natürlich wurde die Ausschließlichkeit der Verwendung der ungarischen Sprache auch durch Erfahrungen, wie sie die Einwohner von Drávasztára machten, bekräftigt: „Egal, wohin sie sich bei den Kreisorganen und im Handel wenden, sie kommen nur mit der ungarischen Sprache weiter."[8]

Die Traditionen und Kultur der Nationalitäten betrachtete der Komitatsapparat in der Regel als – im Vergleich zur Mehrheitsgesellschaft – untergeordnet. Das Festhalten der Minderheiten an der Muttersprache und an den Volkstraditionen wurde als übertrieben und nationalistisch verurteilt. Für ethnografische Forschungen wurden weder die materiellen noch persönlichen Voraussetzungen sichergestellt.

Obwohl in vielen Gemeinden Kulturgruppen (Tanz, Theater und Musikgruppen) gegründet worden waren, waren die Bedingungen für ihre Tätigkeit nicht sichergestellt. Die lokale Verwaltung unterstützte die Leitung der Kulturgruppen durch die Nationalitätenverbände und das Auftreten der Gruppen nicht.

In Verbindung mit den Aktivitäten der Partei im Kreise der Nationalitäten – mit denen sich die Berichte ausführlich befassten – erkannten die Parteiausschüsse mit einer gewissen Selbstkritik an, dass auf diesem Gebiet keine regelmäßige und planmäßige Arbeit erfolgt sei. Sie betonten aber, dass sie diesbezüglich keine entsprechenden Informationen oder Anweisungen höherer Stellen erhalten hätten und deshalb in dieser Frage selbst ratlos seien.

In sämtlichen Komitatsberichten kann eine Dichotomie in der Anschauung festgestellt werden, die sich am markantesten bei der Parteiführung des Komitats Nógrád offenbarte: Einerseits hielt sie die Einengung der Nationalitätenpolitik auf das Gebiet der Kultur für schädlich, andererseits betrachtete sie die Stärkung des Selbstbewusstseins der Nationalitäten als gefährlich. Die „Nationalitätenfrage hat sich in unserem Komitat ziemlich auf die Linie des Unterrichts und der Volkserziehung verschoben,

8 Bericht von Nedusics Dragutity über die Nationalitätengemeinden, 2. Oktober 1955 (MNL OL M-KS 276. f., 91. cs., 83. ö.e.). Der örtliche Apparat leugnete das Vorhandensein von spezifischen Bedürfnissen der Nationalitäten auch an Orten, wo er selbst Anzeichen dafür aufzählte: „In der Gemeindebevölkerung wird die Tracht sehr stark gepflegt. [...] Der Anspruch, dass es einen ständigen Slowakisch-Unterricht oder irgendeine andere Form von Nationalitätenansprüchen geben solle, besteht nicht. Die Bestrebung des slowakischen Verbandes, sich eine Basis zu schaffen, besteht meines Erachtens nur deshalb, damit er seine Existenzberechtigung nachweisen kann. Obwohl die Älteren noch slowakisch [...] sprechen, kann man keinen einzigen Menschen treffen, der sich nicht als Ungarn bekennen würde. Sie sind auch verletzt, wenn die Nationalitätenfrage forciert wird", schreibt der Sekretär des Exekutivausschusses Imre Lakatos (MNL OL M-KS 276. f. ,91. cs,. 84. ö.e. und Pártállam és nemzetiségek 1950–1973 [Parteistaat und Nationalitäten 1950–1973].) Zusammengestellt, annotiert und eingeleitet von Ágnes Tóth. Kecskemét 2003, S. 105–106).

obwohl es aber auch hier noch Einiges zu tun gibt. Man muss sich unbedingt mehr darum kümmern. Bei der Durchführung des Beschlusses ist dann allerdings aufzupassen, weil es sich um eine sehr empfindliche Frage handelt. Es gibt eine gewisse Furcht (auch ein Gefühl von Schande, weil „sie" nur Slowaken [Totok][9] seien!) und es besteht auch Ratlosigkeit (hat es einen Sinn, sich intensiver damit zu beschäftigen, was ist die Perspektive?). Bereits jetzt, da mehrere Organe die Frage untersuchen, wagen es viele nicht, eine Erklärung abzugeben, sie wissen nicht, warum wir uns jetzt damit befassen."[10]

Manifestationen des ungarischen Nationalismus erhielten hingegen sogar institutionelle Unterstützung. Die örtliche Gesellschaft spürte genau, dass die Staats- und Parteiorganisationen der gesamten deutschen und südslawischen Gemeinschaft nicht vertrauten und diese – unter Berufung auf ihr Verhalten in der Vergangenheit – verurteilten. Die deutschen Muttersprachler wurden als Kriegsverbrecher, die Südslawen als Titoisten betrachtet. Die verschiedenen Behörden waren, auch wenn sie dieses Verhalten nicht direkt nährten, gegenüber nationalitätenfeindlichen Äußerungen nachsichtiger.

In der zum Kreis Villány gehörenden Gemeinde Pécsdevecser verhinderten ungarische Siedler, dass der Deutsche János Hoffmann, der die Genossenschaftsgruppe seit Jahre erfolgreich führte, sein leerstehendes Haus zurückerhielt. Sie argumentierten, dass es einen Präzedenzfall schaffen würde, wenn ein Schwabe in sein Haus zurückziehen könnte. Obwohl sich der Kreisparteiausschuss ursprünglich dafür ausgesprochen hatte, dem Ersuchen stattzugeben, wich er schließlich aufgrund der Forderung der ebenfalls kommunistischen Siedler zurück. In Lippó versuchten Ungarn aus der Slowakei mit dem Aufruf „uns Ungarn sollen diese 10% Südslawen nicht führen", eine Absetzung des südslawischen Ratsvorsitzenden zu erreichen.[11]

Nach der Zustimmung der Führungsgremien der Partei verabschiedete die Zentrale Führung der Partei der Ungarischen Werktätigen am 21. Mai 1956 ihren Beschluss über die politische, kulturelle und Unterrichtsarbeit unter den Minderheiten in Ungarn. Der Beschluss wurde allerdings nicht an die Öffentlichkeit gebracht. Den voll-

9 Bis Ende des 19. Jahrhunderts verwendete man offiziell z. B. bei der Volkszählung (und auch als Selbstbezeichnung) das Wort „tót" = „Slowake". Im 20. Jahrhundert bekam das Wort „tót" eine abschätzige Bedeutung.

10 MNL OL M-KS 276.f., 91.cs., 84.ö.e. und Pártállam, S. 178–185.

11 Bericht des MDP-Exekutivausschusses im Bezirk Villány, 20. Oktober 1955 (MNL OL M-KS 276.f., 91.cs., 83.ö.e.)

ständigen Text erhielt nur ein enger Kreis von Parteiführern und der Ministerrat.[12]
Auf eine für die damalige Zeit charakteristische Weise stellte der Beschluss der Zentralen Führung (auch) bezüglich der Nationalitätenpolitik fest, dass diese einerseits „in die richtige Richtung gehe und den Lehren des Marxismus-Leninismus entspreche", dass es andererseits „bei der Verwirklichung aber noch Fehler und Unzulänglichkeiten" gebe.
Als Ziel wurde formuliert, die Minderheiten effektiver in den Aufbau des Sozialismus einzubeziehen, ihnen eine Bildung in der Muttersprache zu gewährleisten, die Gegensätze zwischen den Nationalitäten zu beenden und wechselseitiges Vertrauen zu schaffen. Unter Berücksichtigung der Feststellungen in den Komitatsberichten erkannte der Bericht zwar die Probleme an, die auf dem Gebiet des muttersprachlichen Unterrichts und der zahlenmäßig proportionalen Repräsentation im Staatsapparat bestanden, also die Diskriminierung der Deutschen und der Südslawen, zu ihrer Überwindung unterbreitete er aber keinerlei konkrete Vorschläge. Und auch die einzelnen Ministerien wurden nicht angewiesen, konkrete Maßnahmen zur Lösung der signalisierten Probleme zu unternehmen. Auch die Intensität des Assimilierungsprozesses wurde eingestanden, er wurde aber auf die Nachwirkung der Nationalitätenpolitik in der Zwischenkriegszeit zurückgeführt. Aufgrund der Qualifizierung als „streng geheim" konnten weder die Betroffenen noch die Räteapparate der Komitate und Kreise Einblick in das Dokument nehmen. Lediglich auf Parteimitgliederversammlungen im kleinen Kreis wurden seine wichtigsten Feststellungen vorgestellt. Der Beschluss hatte keinerlei Auswirkungen auf die Lage der Nationalitäten – und konnte auch keine haben.[13]

Während der Revolution 1956 wurde die Minderheitenfrage nicht oder nur wenig diskutiert. Im Gegensatz zu den ungarischen Gemeinschaften im Ausland formulierten die Nationalitäten in Ungarn im Grunde keine eigenen Nationalitätenforderungen.

---

12 Sándor Balogh/ Levente Sipos (Hrsg.), A magyar állam és a nemzetiségek. A magyarországi nemzetiségi kérdés történetének jogforrásai 1848–1993 [Der ungarische staat und die Nationalitäten. Rechtsquellen der Geschichte der Nationalitätenfrage in Ungarn 1848–1993]. Budapest 2002, S. 680–688.

13 Zur Bewertung des Beschlusses der Zentralen Führung vom 21. Mai 1956 siehe Balázs Dobos, A kisebbség joga. Kisebbségi törvénykezés Magyarországon (1988–2006) [Das Recht der Minderheit. Minderheitenrechtsprechung in Ungarn (1988–2006). Budapest 2011, S. 81f.

Sie beteiligten sich an den örtlichen revolutionären Ereignissen und ihre Forderungen stimmten mit den Bestrebungen der Mehrheitsgesellschaft, die sich die Gewährung der Bürgerrechte und die Erkämpfung der Unabhängigkeit zum Ziel setzte, überein. Die Tatsache der Teilnahme der Nationalitäten an den Ereignissen wird auch dadurch ersichtlich, dass sie in den revolutionären Organen – in den Nationalausschüssen und in den Arbeiterräten – Funktionen übernahmen. Die Deutschen und Südslawen wollten damit auch eine Überwindung des Stigmas der Kollektivschuld und eine Beendigung ihrer früheren vermögensrechtlichen und staatsbürgerlichen Diskriminierung erreichen.[14]

Einige Monate nach der Revolution signalisierte die Partei- und Staatsführung, dass sie nicht nach einer Vertiefung der Konflikte mit den Minderheiten, sondern nach ihrer Lösung strebe. In einer im Juni 1957 für die Regierung erstellten Vorlage wurde erklärt, die Nationalitäten seien „zur Zeit der Konterrevolution im Allgemeinen der Volksmacht treu geblieben" und hätten „in ihrer Mehrheit die sich im Nationalismus verbergenden Gefahren erkannt. Nur ab und zu gab es Personen, die die Ereignisse zur Abhilfe ihrer individuellen Unbilligkeiten ausnutzen wollten."[15]

Im Interesse der Stabilisierung und Legitimierung ihrer Position ging die neue politische Führung parallel zu ihren Vergeltungsmaßnahmen daran, die verschiedenen gesellschaftlichen Gruppen zu pazifizieren. Es kann als Teil dieses Prozesses betrachtet werden, dass sich verschiedene Gremien der obersten Staats- und Parteiorganisationen in der zweiten Jahreshälfte 1957 erneut mit der Situation der Nationalitäten befassten.

An erster Stelle wurde auf eine Regelung des Rechtsstatus der Minderheiten gedrängt. Diesbezüglich wurde argumentiert, man habe „die Rechte der Nationalitäten bislang nicht umfassend geregelt, weswegen es notwendig [sei], eine Verordnung zu erlassen, die die Nationalitätenrechte detailliert und zusammenfassend" enthalte.[16]

Am 7. Oktober 1958 wurde der Beschluss über die politische, kulturelle und Unter-

14 Zu den weiteren Zusammenhängen siehe Ádám Szesztay, Nemzetiségi kérdés a Kárpát- medencében 1956–1962. Az ötvenhatos forradalom hatása a kelet-közép-európai kisebbségpolitikára [Nationalitätenfrage im Karpatenbecken 1956–1962. Die Auswirkung der sechsundfünfziger Revolution auf die Minderheitenpolitik in Ostmitteleuropa]. Budapest 2003.

15 Szesztay, Nemzetiségi kérdés, S. 58. Die Vorlage wurde von Kultusminister Gyula Kállai gezeichnet, der Ministerrat setzte sie aber nicht auf seine Tagesordnung.

16 MNL OL, XIX-B-1-j (Hauptabteilung für Öffentliche Ordnung des Innenministeriums) 236/6-1498/1957.

richtsarbeit unter den Nationalitäten vom Politbüro der Ungarischen Sozialistischen Arbeiterpartei veröffentlicht. Das Dokument bestimmte für lange Zeit die Grundprinzipien der ungarischen Nationalitätenpolitik.

Wenn wir den Text von den typischen sprachlichen Wendungen der marxistisch-leninistischen Phraseologie befreien – so beispielsweise von dem Satz „das Zentralkomitee wacht streng über die Einhaltung und Durchsetzung der Rechte der Nationalitäten" –, dann bleiben nur wenige inhaltliche Elemente übrig.

Obwohl der Beschluss die diskriminierende staatliche Politik gegenüber den Deutschen und Südslawen berührte, so tat er dies einseitig und auf der Ebene von Allgemeinplätzen. Konkrete Lösungsvorschläge waren demgegenüber nicht enthalten. Verurteilend sprach er über die Rolle der Kirchen bei der Wahrung der Identität der Nationalitäten und bewertete die Tätigkeiten des Klerus als feindliche Propaganda und verhüllten Nationalismus. Sowohl bezüglich der ungarischen Mehrheitsgesellschaft als auch mit Blick auf die Nationalitätengemeinschaften wurde das Schwergewicht auf den Kampf gegen den Nationalismus gelegt. Den konkreten Gründen für nationalistische Manifestationen wurde keine Aufmerksamkeit geschenkt, diese wurden im Wesentlichen „auf die herabschätzende Politik des alten Systems gegenüber den nationalen Minderheiten" zurückgeführt bzw. als Auswirkung der Zwangsmigration nach dem Krieg bewertet. Die Lage der Nationalitäten wurde mit der Gewährung der staatsbürgerlichen Rechtsgleichheit als gelöst betrachtet. Und als einziges Kriterium für ihre Beurteilung betrachtete man die Frage, „wie sie ihre Aufgaben beim sozialistischen Aufbau des Landes und wie sie ihre staatsbürgerlichen Pflichten erfüllen" würden.[17] Die Frage der Anerkennung der Bedürfnisse der Nationalitäten auf Gemeinschaftsebene wurde überhaupt nicht aufgeworfen. Den Nationalitätenverbänden wurde vielmehr vorgeschrieben, die „politische und kulturelle Aufklärungsarbeit mit sozialistischem Inhalt" in den Mittelpunkt ihrer Aktivitäten zu rücken.

In der ersten Hälfte der 1960er-Jahre wurden auf den verschiedenen Ebenen der Staats- und Parteiführung zu den verschiedensten Zwecken Meldungen und Berichte über die Wirkung des Politbüro-Beschlusses aus dem Jahre 1958 auf die Lage der

17 Pártállam, S. 285.

Nationalitäten und über die Erfahrungen bei seiner Durchführung verfasst.[18] Die unausgesprochene, aber eindeutige Erwartung der Staats- und Parteiführung war, die Intensität der Assimilation zu steigern. Als geeignetes Mittel hierfür erwies sich die Ende der 1950er-Jahre gewaltsam durchgeführte Kollektivierung der Landwirtschaft. Infolge dieser Maßnahme zerfiel die bäuerliche Gesellschaft endgültig, und die letzten Keime wirtschaftlicher Autonomie verschwanden. Ein bedeutender Teil der Dorfbewohner zog in die Städte und übernahm in verschiedenen Industriebetrieben Arbeit. Dieser Prozess traf die zu einem überwiegenden Teil auf dem Land lebende und sich mit Landwirtschaft beschäftigende Nationalitätenbevölkerung besonders schwer. Mit dem Umzug in die Stadt verloren sie ihre örtlichen Gemeinschaften, die bei der Bewahrung ihrer nationalen Identität eine wichtige Rolle gespielt hatten.

Zusammenfassend kann festgestellt werden, dass sich die obersten Gremien der kommunistischen Partei in der zweiten Hälfte der 1950er-Jahre mit der Situation der Nationalitäten beschäftigten. Damit erweckten sie den Eindruck, dass die Minderheiten bzw. die Minderheitenpolitik sowohl in innenpolitischer als auch außenpolitischer Hinsicht eine Aufwertung erfahren würden. Meines Erachtens war das Verfassen der Beschlüsse der Zentralen Führung und des Politbüros durch taktische Erwägungen motiviert und bezweckte nicht die prinzipielle Regelung der Lage der Minderheiten. Der Automatismus war bereits nach dem Abschluss der Zwangsmigrationsprozesse seit dem Ende der 1940er-Jahre zu einem entscheidenden Element der Nationalitätenpolitik geworden.[19] Deklariertes Ziel der Parteibeschlüsse war es, die Prinzipien des Verhältnisses von Nationalitäten und Staat bzw. Partei zu definieren, dies wurde

18 Siehe hierzu Aufzeichung für Béla Köpeczi, 10. Juli 1961 (MNL OL M-KS MSZMP, 288.f., 1945–2004, 35. cs., 1964–1966, 9. ö.e.); Bericht von Zyulyevics János über die Erfahrungen mit dem Nationalismus, 28. September 1962 (XIX-I-4-g 12. t.); Aufzeichnung für die Abteilung für Wissenschaft und Kultur des ZK der MSZMP über die politische und kulturelle Arbeit unter den Nationalitäten, 23. April 1963 (XIX-I-4-g 4.t.); Bericht der Nationalitätenabteilung des Kultusministeriums über die unter den Nationalitäten zu verrichtende politische und kulturelle Arbeit, 3. Juli 1964 (XIX-I-4-g 4. t.); Bericht des MSZMP-Ausschusses im Komitat Nógrád, 3. April 1964 (M-KS 288. f., 35.cs., 11.ö.e.); Bericht des MSZMP-Ausschusses im Komitat Békés, April 1965 (M-KS 288.f., 35.cs., 9.ö.e.); Aufzeichnung für Béla Köpeczi, 26. Juli 1965 (M-KS 288., 35.cs., 9.ö.e).

19 Die Prinzipien des Automatismus in der Nationalitätenpolitik besagten, dass alle Nationalitäten im Sozialismus innerhalb von zehn bis fünfzehn Jahren assimiliert werden würden, weil die nationale Identität nicht mehr zählt, sondern nur der Klassenstatus. Somit müsste die Regierung den Nationalitäten keine eigenen Schulen usw. zusichern.

allerdings nur als Formalität betrachtet, als Teil einer – um eine heutige Wortwendung zu benützen – Kommunikationsstrategie. Die formulierten Prinzipien wurden nämlich in der Praxis nicht oder nur selten umgesetzt. Zweifellos gelang es der kommunistischen Partei in der zweiten Hälfte der 1950er-Jahre, auch den Führern der Minderheiten eine Zeit lang glauben zu machen, dass für sie die Nationalitätenpolitik eine höhere Bedeutung gewonnen habe und sie eine Korrektur der stalinschen Prinzipien betreibe, d. h., dass sie der Selbstorganisation der Nationalitäten und ihrer kulturellen Autonomie einen größeren Platz einräumen würde. Hierzu sollte es allerdings erst in der zweiten Hälfte der 1960er-Jahre kommen. Zu diesem Zeitpunkt musste (auch) die Parteiführung in Ungarn einsehen, dass es trotz des starken Assimilationsdrucks zu keiner Verschmelzung der Minderheitengemeinschaften mit der Mehrheitsgesellschaft gekommen war, dass also ihre gesellschaftliche Integration nicht durch die Leugnung ihrer nationalen Identität erfolgen konnte. Die ungarische Regierung wurde dann aber auch durch die Situation der ungarischen Minderheitengemeinschaften in den Nachbarstaaten zu einer Überprüfung ihrer Nationalitätenpolitik veranlasst.

Übersetzung aus dem Ungarischen: Andreas Schmidt-Schweizer

Ágnes Tóth (geb. 1961) Historikerin und wissenschaftliche Mitarbeiterin des Forschungszentrums für Sozialwissenschaften in Budapest. Studium der Geschichte und ungarischen Literatur an der József Attila-Universität in Szeged. Habilitation 2010 mit der Arbeit „Rückkehr nach Ungarn 1946-1950. Erlebnisberichte ungarndeutscher Vertriebener. Schriften des Bundesinstituts für Kultur und Geschichte der Deutschen im östlichen Europa. Band 43. Schriften des Europäischen Netzwerks Erinnerung und Solidarität. Band 4. Oldenbourg Verlag, München 2012". 1996–2002 Direktorin des Komitatsarchivs Bács-Kiskun in Kecskemét. Seit 2002 am Institut für Minderheitenforschung in Budapest als stellvertretende Direktorin, 2010–2013 als Direktorin. 2015–2020 Leitung des Lehrstuhls für deutsche Kultur und Geschichte Südosteuropas an der Universität Pécs. Gremienarbeit u. a. am Donauschwäbischen Zentralmuseum Ulm und in der Kommission für Geschichte und Kultur der Deutschen in Südosteuropa e. V. Zahlreiche Publikationen zur Lage nationaler Minderheiten in Ungarn seit 1920, insbesondere zur Geschichte der Ungarndeutschen und den Zwangsmigrationen.

Zusammenfassung

Korrekturen der stalinistischen Nationalitätenpolitik in Ungarn?
Zu den Entwicklungen in den Jahren 1950 bis 1965

In Ungarn beschäftigten sich die Führungsgremien der kommunistischen Partei seit der zweiten Hälfte der 1950er-Jahre bei mehreren Gelegenheiten mit der Situation der Nationalitäten. Die vorliegende Studie untersucht, ob die entsprechenden Aktivitäten der politischen Führung bezüglich der Minderheitenfragen einen Bruch mit der früheren stalinistischen Minderheitenpolitik bedeuteten und die Interessen der ethnischen Minderheiten berücksichtigten. Die Verfasserin bewertet die verschiedenen Entscheidungen der Partei- und Staatsgremien bzw. die Grundsätze der erlassenen Verordnungen unter dem Gesichtspunkt der Identitätswahrung der Minderheitengemeinschaften im Prinzip als positiv; jedoch hatten sie im praktischen Leben keine Relevanz. Denn in der Praxis hielten die Machthaber an der kollektiven Stigmatisierung der deutschen und südslawischen Minderheiten fest, und es erfolgte auch kein substanzieller Wandel auf dem Gebiet des muttersprachlichen Unterrichts.

Abstract

Corrections to Stalinist Nationalities Policy in Hungary?
On the Developments between 1950 and 1965

In Hungary, the leading bodies of the Communist Party revisited the situation of nationalities on several occasions after the second half of the 1950s. This study examines whether the activities of the political leadership concerning minority issues represented a break with earlier Stalinist minority policy and whether these actually took into account the interests of ethnic minorities. The author assesses the various decisions of the party and state bodies along with the principles of the decrees as essentially positive from the point of view of preserving the identity of the minority communities. However, they had no relevance in real life. In practice, the rulers upheld the collective stigmatization of the German and South Slavic minorities and no substantial change took place in the area of mother-tongue education.

Keywords: Hungary, stalinism, South Slavic minority, monirity issues

William Totok

Ambivalente Lebensläufe Securitate-Offiziere zwischen Verklärung und Sachlichkeit (4)

5. Securitate-Helfershelfer[1]

Die nachrichtendienstliche Effizienz der rumänischen Securitate ist nicht nur dem militärisch strukturierten Geheimdienstapparat zuzuschreiben, der aus mehr oder weniger ausgebildeten Offizieren zusammengesetzt war, sondern auch einem breiten zivilen Netzwerk, bestehend aus inoffiziellen Mitarbeitern. Ein großer Teil dieser Mitarbeiter kam nur widerwillig den Anforderungen der Führungsoffiziere nach und war nicht bereit, sich an operativen Tätigkeiten zu beteiligen. Trotz dieser „Unzulänglichkeiten" gab es aber eine Kategorie von inoffiziellen Mitarbeitern, die ihre Tätigkeit mit größtem Eifer ausführte und dabei überzeugt war, der „gemeinsamen Sache" zu dienen. Diese Mitarbeit war oft auch mit gewissen Vergünstigungen finanzieller Art und mit bestimmten sozialen Privilegien verbunden. Nicht unbedingt im Falle von Leuten, die sich freiwillig und aus Überzeugung als Mitarbeiter angeboten oder ihre Anwerbung als einen staatsbürgerlichen und politischen Auftrag verstanden hatten und zielbewusst ausführten.

Beispielhaft für diese Kategorie von Securitate-Mitarbeitern sind Heinz Stănescu (geb. 19. September 1921, Wien – gest. 13. Mai 1994, Frankreich) und Ivan Denes (geb. 16. September 1928, Temeswar/Timişoara – gest. 16. Januar 2011, Berlin). Ihre Biografien weisen deutlich erkennbare Gemeinsamkeiten auf. Beide entstammten bürgerlichen

1 Für die ersten Teile dieses Beitrags siehe die Druckfassungen: William Totok, Ambivalente Lebensläufe. Securitateoffiziere zwischen Verklärung und Sachlichkeit. In: Halbjahresschrift für südosteuropäische Geschichte, Literatur und Politik, 28. Jg., Heft 1–2, 2016, S. 61–82, und Studia Germanica Napocensia, Bd. 5, 2018: „Hier stehe ich, ich kann nicht anders." Festschrift für Eginald Schlattner zum 85. Geburtstag. Hrsg. von Rudolf Gräf, Gabriella-Nóra Tar, Ioana Florea. Klausenburg: Universitätsverlag 2018, S. 19–46, sowie Halbjahresschrift für Geschichte und Zeitgeschehen in Zentral- und Südosteuropa, 29.–30. Jg., Bd. 1–2, 2017–2018, S. 128–145.

deutschsprachigen bzw. ungarischsprachigen jüdischen Familien, beide hatten bereits in ihrer Gymnasialzeit Kontakte zu linksgerichteten und verbotenen kommunistischen Kreisen, beide waren rassischen Verfolgungen ausgesetzt, beide waren nach dem Sturz des faschistischen Militärregimes am 23. August 1944 aktive Funktionäre im Rahmen von Satellitenorganisationen der Kommunistischen Partei und schließlich auch überzeugte Mitglieder der Partei, beide waren hochgebildete Akademiker und beide beschäftigten sich mit Literatur, Stănescu als Literaturkritiker und -historiker sowie als Lehrkraft an der Bukarester Germanistikfakultät, Denes als Publizist, Übersetzer, Verfasser von Theaterstücken und Romanen. Beide waren inhaftiert und beide gingen ins westliche Ausland, wo sie starben. Beide begannen in der zweiten Hälfte der 1940er-Jahre für den Geheimdienst zu arbeiten, Stănescu zuerst als Offizier und ab 1952, nach seinem Ausscheiden aus dem aktiven Dienst, als inoffizieller Mitarbeiter (unter den Decknamen „Abrud", „Silviu" und „Traian"[2]) bis 1976, Denes als In- bzw. Auslandsagent von 1948 bis 1989 mit einer Unterbrechung (unter den Decknamen: „Aurel Bantaş", „Alecu Sîrbu", „Alexandru Sîrbu", „GX-36", „Petru Pintilie", „Kraus", „Konrad"[3]).

Die im Anhang veröffentlichten Autobiografien, die in der Frühphase des rumänischen Stalinismus zwischen 1948 und 1952 entstanden sind, weisen formale und narrative Überschneidungen auf. Da es sich jedoch um eigenhändig verfasste Texte handelt, enthalten diese auch subjektiv eingefärbte, inhaltlich zusammenwirkende Komponenten. Bei Stănescu dominiert eine gewisse, fast ängstliche Zurückhaltung, wenn es um die Offenlegung seiner persönlichen und intimen Beziehungen geht. Dabei betont er seine weltanschauliche Einstellung, verschweigt aber bewusst seine Homosexualität, die ihm 1952 zum Verhängnis wurde und ein strafrechtliches Verfahren nach sich zog. Homosexualität war in Rumänien ein Straftatbestand. Derartige „Verfehlungen" der Securitate-Offiziere wurden mit Gefängnis bestraft und in der Regel nicht kaschiert. Stănescu wurde 1952 zu einem Jahr Gefängnis verurteilt und unehrenhaft aus dem Dienst entlassen, in dem er eine Blitzkarriere gemacht hatte. Er arbeitete bis dahin in der Hauptabteilung 1, die für die Bekämpfung der politischen Opposition im Inland zuständig war. Gleichzeitig war er einer der vier Stellvertreter

2 Vgl. die 4 Bände der Personalakte von Stănescu, ACNSAS, R 48661, die Strafakte, ACNSAS, P 13978, sowie seine vom Auslandsgeheimdienst angelegte Akte, ACNSAS, SIE 39647.

3 Vgl. die vom Auslandsgeheimdienst angelegte Akte, ACNSAS, SIE 10829, 5 Bde., den operativen Vorgang, ACNSAS, I 211772, 11 Bde., und die Strafakte, ACNSAS, P 13581.

des Abteilungschefs Gavrilă Birtaş. Bis zu seiner Festnahme stand Stănescu als hauptamtlicher Securitate-Offizier an der Spitze der Unterabteilung, in deren Zuständigkeitsbereich u. a. die Verfolgung und Überwachung der Religionsgemeinschaften[4] fiel. Während seiner Haft wurde Stănescu einer Gefangenenbrigade zugeteilt, die am Bau eines Wasserkraftwerkes beteiligt war, das nach seiner Fertigstellung den Namen „Wladimir Iljitsch Lenin" erhielt. Aufgrund seiner früheren Tätigkeit als Offizier wurde er mit der privilegierten Aufgabe betraut, die Erfüllung des Arbeitssolls der Mitgefangenen zu überwachen und zu ermitteln. Noch während seiner Haftzeit willigte er am 16. Februar 1952 ein, als inoffizieller Mitarbeiter unter dem Decknamen „Abrud" für die Securitate zu arbeiten.[5] Die inoffizielle Tätigkeit setzte er auch nach seiner Haftentlassung am 3. Juni 1953[6] fort. Eine Beurteilung, in der am 7. Januar 1954 die IM-Tätigkeit des früheren Securitate-Majors Stănescu zusammengefasst wurde, beschreibt ihn als äußerst „gewissenhaft" und „diszipliniert". Darin wird außerdem hervorgehoben, dass dank seiner Mitarbeit eine Gruppe von Saboteuren enttarnt und unschädlich gemacht werden konnte. In Bukarest setzte er seine Mitarbeit fort und bemühte sich, die Aktivitäten „feindlicher Elemente" in der Akademie der Rumänischen Volksrepublik (RVR) und der C.I. Parhon-Universität zu beobachten.[7]

In den darauffolgenden Jahren veröffentlichte Stănescu zahlreiche Studien und Zeitungsbeiträge, betreute Werkausgaben verschiedener Autoren und berichtete unausgesetzt über die kleinsten Einzelheiten in Gesprächen und Publikationen anderer Autoren. In seinen Berichten war er immer darauf bedacht, auf bestimmte politische und ideologische Abweichungen von der offiziellen Parteilinie hinzuweisen.[8] Der Stil

---

4 Vgl. dazu: William Totok: Episcopul, Hitler şi Securitatea. Procesul stalinist împotriva „spionilor Vaticanului" din România [Der Bischof, Hitler und die Securitate. Der stalinistische Prozess gegen die „Spione des Vatikans" in Rumänien]. Iaşi: Polirom 2008, S. 49f., S. 124.

5 Vgl. Verpflichtungserklärung vom 16. Februar 1952 (ACNSAS, R 48661, vol. 1, Bl. 6f.) und Bericht über den Rekrutierungsverlauf vom 17. Februar 1952, verfasst vom Securitate-Unterleutnant Grigore Pişleag (ebenda, Bl. 5).

6 Vgl. Fişa personală [Personalbogen], ACNSAS, P 13978, Bl. 218v, sowie den Eintrag mit der Liste seiner Verbindungsoffiziere (ebenda, Bl. 2). Eine Kurzfassung seiner Biografie veröffentlichten auch Adrian Nicolae Petcu, Denisa Bodeanu: Contribuţii la întocmirea unui dicţionar al ofiţerilor de Securitate (problema culte-secte) [Beiträge zu einem Lexikon der Securitate-Offiziere – Bereich Kulte-Sekten]. In: Caietele C.N.S.A.S., 2. Jg., Nr. 1 (3), 2009, S. 56–58.

7 Bericht vom 7. Januar 1954, unterzeichnet von Hauptmann Mihai Spiridon und Hauptmann Dumitru Badea (ACNSAS, R 48661, vol. 1, Bl. 3f.).

8 Vgl. Georg Herbstritt: Die „Klausenburger Gruppe". Wie aus liberalen Literaten siebenbürgische Separatisten werden sollten – ein Stasi-Dokument aus dem Jahre 1972 und seine rumänischen Ursprünge. In: Spiegelungen 4

und der Inhalt dieser nachrichtendienstlichen Mitteilungen ähneln den Texten, die er 1967 in einem Band unter dem Titel *Berichte*[9] publiziert hatte. Seinen Führungsoffizieren übergab er zudem Listen[10] mit den von ihm publizierten Beiträgen, die in der Presse, als Einzelveröffentlichungen oder in Sammlungen erschienen waren.[11] Die Agententätigkeit Heinz Stănescus endete 1976, als er von einer Westreise nicht mehr nach Rumänien zurückkehrte und in die Bundesrepublik übersiedelte. Er starb 1994 während eines Aufenthaltes in Frankreich.

Im Unterschied zu Stănescu, dessen Berichte im Ton eher moderat klingen, dominiert bei Ivan Denes ein kaum zu übersehender Appetit auf Denunziation. Diese auf vermeintliche oder tatsächliche politische Verfehlungen oder Vergehen anderer Personen hinweisende Vorgangsweise zieht sich wie ein roter Faden durch die jahrzehntelange, von der Securitate geschätzte und großzügig entlohnte Agententätigkeit von Ivan Denes. Aufgrund der zugänglichen Akten aus dem Securitate-Archiv lassen sich die Stationen dieser spektakulären Agentenbiografie rekonstruieren. Die Akten verdeutlichen, dass Denes an zahlreichen Operationen der Securitate erfolgreich mitgewirkt hatte, die der Isolierung und Unterdrückung von potenziellen Regimegegnern dienten.

In der ersten Phase seiner Agententätigkeit, 1948 bis 1954, hatte Ivan Denes die Aufgabe, sogenannte trotzkistische Elemente zu überwachen. Es handelte sich vorwiegend um Schriftsteller und Intellektuelle, mit denen er Kontakte hatte oder befreundet war und die als „Abweichler" im Verdacht standen, gegen die offizielle Parteilinie verstoßen zu haben. Unter diesen befand sich auch der proletkultistische Erfolgsautor Titus Popovici (1930–1994).[12]

(58) Heft 1, 2009, S. 40–47. Ders.: Entzweite Freunde. Rumänien, die Securitate und die DDR-Staatssicherheit 1950 bis 1989. Göttingen: Vandenhoeck & Ruprecht 2016, S. 122, S. 295–297.

9 Heinz Stănescu: Berichte. Bukarest: Literaturverlag 1967.

10 Vgl. Dr. Heinz Stănescu – activitatea depusă în 1970 [Dr. Heinz Stănescu – Tätigkeit 1970], ACNSAS, R 48661, vol. 1, Bl. 9–12.

11 Zur Vorgangsweise Stănescus als Securitate-Mitarbeiter siehe auch: Stefan Sienerth: Zielstrebig, leidenschaftlich, übereifrig. Zur Securitate-Akte des Literaturhistorikers Heinz Stănescu. In: Die Securitate in Siebenbürgen, herausgegeben von Joachim von Puttkamer, Stefan Sienerth und Ulrich A. Wien. Köln-Weimar-Wien: Böhlau Verlag 2014, S. 308–341.

12 Vgl. ACNSAS, SIE 10829, vol. 1, Bl. 25v, 87.

1958 geriet Denes selbst ins Visier der Securitate, nachdem er sich mit einem britischen Abgeordneten privat getroffen hatte, und wurde als Landesverräter zu 20 Jahren Gefängnis verurteilt.[13] Da man ihn nun als unzuverlässig einstufte, wurden die nicht offiziellen Securitate-Kontakte eingestellt. Noch während seiner Haft verpflichtete er sich[14], seine Tätigkeit als inoffizieller Mitarbeiter wieder aufzunehmen, nachdem er bereits zuvor aktiv an der sogenannten Umerziehung der politischen Häftlinge mitgewirkt und eng mit der Gefängnisleitung kooperiert hatte. „Ich glaube an den Sieg des Sozialismus, so wie ich an das Sonnenlicht glaube", beteuerte Denes in der Haftanstalt Gherla in einem undatierten, 15-seitigen maschinengeschriebenen Text[15], in dem er die wichtigsten Etappen seines Lebensweges im Stil einer selbstkritischen Analyse zusammenfasst und sich als Anhänger des kommunistischen Systems darstellt.[16] Anlässlich der Begnadigung der politischen Häftlinge wurde auch Denes 1964 aus der Haft entlassen.

Von 1964 bis 1970 verfasste er unzählige Berichte – auch über frühere Häftlinge, deren Vertrauen er sich zu erschleichen wusste. So beispielsweise informierte er die Geheimpolizei – noch während des Entstehungsprozesses – über die Erinnerungen von Belu Zilber, einem Mitangeklagten im Prozess gegen den kommunistischen Justizminister Lucreţiu Pătrăşcanu, der 1954 zum Tode verurteilt wurde. Das Manuskript der Memoiren wurde von der Securitate 1970 in einer als Einbruch getarnten Aktion gestohlen.[17] Zilber schrieb daraufhin eine neue Version, die nach der Wende erscheinen konnte. Einige Jahre später tauchte das Urmanuskript auf und wurde ebenfalls in Bukarest als Buch veröffentlicht.[18]

---

13 Verhaftungsbefehl vom 12. August 1958 (ACNSAS, P 13581, Bl. 3). Beschluss (ebenda, Bl. II). Vermerkte Gefängnisaufenthalte in: Fişa matricolă penală [Häftlingsmatrikel], abrufbar unter dem Stichwort „Ivan Denes" auf der Internetseite des Instituts für die Untersuchung der Verbrechen des Kommunismus und des Gedenkens an das Rumänische Exil [rumänisch: Institutul de Investigare a Crimelor Comunismului şi Memoria Exilului Românesc, IICCMER], <https://www.iiccmer.ro/victime/fisele-matricole-penale/>, 15.2.2021.

14 Verpflichtungserklärung vom 29. Juli 1964 (ACNSAS, SIE 10829, vol. 1, Bl. 90).

15 ACNSAS, I 211772, vol. 7, Bl. 1–14, hier: Bl. 15.

16 Über seine aggressive Tätigkeit als „Umerzieher" siehe insbesondere die Memoiren des ehemaligen politischen Häftlings und späteren Redakteurs des Senders Radio Free Europe, Ion Ioanid: Închisoarea noastră cea de toate zilele [Unser tägliches Gefängnis]. Bukarest: Editura Albatros 1991, 2. Bd., S. 293f.

17 Vgl. Bericht vom 12. Juni 1969 (ACNSAS, SIE 10829, vol. 3, Bl. 266f.) und einen undatierten Bericht (ebenda, Bl. 446–450).

18 Andrei Şerbulescu: Monarhia de drept dialectic. A doua versiune a memoriilor lui Belu Zilber. Prefaţă: G. Brătescu [Dialektische Rechtsmonarchie. Die zweite Fassung der Memoiren von Belu Zilber. Vorwort von G. Brătescu]. Bukarest: Humanitas 1991. Herbert (Belu) Zilber: Actor în procesul Pătrăşcanu. Prima versiune a memoriilor, ediţie îngrijită de G. Brătescu [Beteiligter im Pătrăşcanu-Prozess. Urfassung der Memoiren, herausgegeben von

Denes konnte bis zu seiner 1970 minuziös vorbereiteten Ausreise mehrere Übersetzungen und 1968 auch seinen Roman *Păpuşarul* [Der Puppenspieler] veröffentlichen, in den er u. a. aufgrund von Insiderinformationen auch Hinweise über die Verfolgung katholischer Geistlicher in den 1950er-Jahren einbaute.[19]

Vor seiner Ausreise 1970 durchlief Denes einen speziellen Lehrgang, in dem er mit den technischen und organisatorischen Einzelheiten nachrichtendienstlicher Tätigkeit als Agent im Auslandseinsatz vertraut gemacht wurde. Sein kurzer Aufenthalt in Israel diente im Grunde nur zur Tarnung seines geplanten Einsatzes in West-Berlin, wo er sich 1971 niederließ.

Seine Hauptaufträge bestanden darin, verschiedene oppositionelle Intellektuelle und Schriftsteller aus Rumänien, die im Exil lebten oder im Westen als Besucher unterwegs waren, zu beobachten und den Medien diskreditierende Falschinformationen über deren Tätigkeit zu liefern. Er sollte sich vor allem auf Leute wie die Schriftsteller Paul Goma, Nicolae Breban, A. E. Baconsky, Oskar Pastior und Paul Schuster konzentrieren, aber auch auf Geistliche wie Richard Wurmbrand[20] und Gerhard Möckel[21] sowie auf einige westliche Politiker und Kulturschaffende.

Während der Geheimtreffen mit seinen Führungsoffizieren in unterschiedlichen Städten wie Berlin, Belgrad, Wien, Budapest und Bukarest (wo er sich mehrere Male legendiert aufhielt) wurde ihm eingeschärft, sich als ein Mensch mit rechtsgerichteten Ansichten auszugeben, sich rechten Kreisen anzuschließen, ohne sich jedoch exzessiv rumänienfeindlich zu äußern.[22]

Offiziell arbeitete Denes als Journalist sowohl für die Springer-Presse als auch für die rumänische Abteilung von Radio Free Europe. Es wäre ihm fast gelungen, als Redak-

---

G. Brătescu]. Bukarest: Humanitas 1997.

19 Vgl. William Totok: Episcopul, Hitler şi Securitatea. Procesul stalinist împotriva „spionilor Vaticanului" [Der Bischof, Hitler und die Securitate…], Iaşi: Polirom 2008, S. 75, S. 81.

20 Vgl. Raport cu propuneri de demascare a lui „Ashaver" prin redactarea unei cărţi de către sursa „GX-36" [Bericht bezüglich der Vorschläge zur Demaskierung von „Ashaver" in einem Buch, das unsere Quelle „GX-36" schreiben wird] vom 9. August 1973 (ACNSAS, SIE 10829, vol. 5, Bl. 53–56). „Ashaver" war der Deckname der Securitate für Richard Wurmbrand (Einzelheiten zu Wurmbrand in: ACNSAS, I 146678, 9 Bde.).

21 Besoldung des in Deutschland, Codename „Orăştie", mit nachrichtendienstlichen Aufgaben betrauten Securitate-Agenten „GX-36" (alias Ivan Denes) vom 4. September 1972 (ACNSAS, SIE 10829, vol. 1, Bl. 422f.).

22 Siehe beispielsweise den Analysebericht vom Januar 1973, in dem monatliche Kontakte mit Oberleutnant Ion Pescaru (möglicherweise ein Pseudonym) mit „GX-36" (Codename von Denes) vorgeschlagen werden (ACNSAS, SIE 10829, vol. 2, Bl. 2–8).

teur des Senders fest angestellt zu werden[23], dessen Mitarbeiter er ausspioniert hatte.[24] „Dieser Mensch [Denes] ist uns sehr nützlich, er ist sehr intelligent und loyal und hat die Möglichkeit, in ‚Meliţa' [Codename für Radio Free Europe] einzudringen", hieß es 1977 in einem ausführlichen Bericht des Auslandsgeheimdienstes.[25]

Seine Infiltrierung in die Redaktion des in München stationierten US-Senders Radio Free Europe scheiterte, da Wurmbrand und andere frühere rumänische politische Häftlinge gegen eine Anstellung von Denes protestierten, und zwar mit dem Hinweis, dieser habe sich an den von der Securitate ausgeklügelten Umerziehungsaktionen der politischen Gefangenen beteiligt.[26]

Für seine operativ wertvollen Berichte, die er im Laufe seiner langjährigen Tätigkeit regelmäßig an die Securitate weitergegeben hatte, schlug Securitate-General Aristotel Stamatoiu im Spätherbst 1989 vor, ihn im Geheimen mit dem Verdienstorden „Tudor Vladimirescu" auszuzeichnen.[27] Dazu ist es nicht mehr gekommen. Im Dezember 1989 wurde das Ceauşescu-Regime gestürzt. Denes' Akte wurde am 8. Juli 1991 geschlossen.[28]

In den folgenden postkommunistischen Jahren gehörte Denes bis zu seinem Tod zu den Mitarbeitern rechtskonservativer und national-autoritärer Publikationen. Von ihm gezeichnete Beiträge sind regelmäßig in der national-konservativen *Jungen Freiheit* erschienen. Gleichzeitig war er Chefredakteur des rechtsradikalen *Deutschland-Magazins*[29]. 2007 kandidierte er in Bremen bei der Bürgerschaftswahl auf der Liste

---

23 Raport, priveşte acţiuni de penetrare la „Meliţa" prin informatorul „Kraus" [Bericht zur Unterwanderungsaktion von „Meliţa" durch den Informanten „Kraus"] vom 1. August 1976 (ACNSAS, SIE 10829, vol. 5, Bl. 497–501v). Sistem de legătură cu informatorul „Kraus" pentru predarea-preluarea documentelor „Meliţa" în Berlinul de Est [Verbindungsaufnahme mit dem Informanten „Kraus", um den Austausch und die Übergabe von Dokumenten betreffend „Meliţa" in Ost-Berlin durchzuführen], ebenda, Bl. 507–507v.

24 Bericht vom 12. Februar 1977 über den Besuch von „Kraus" aus West-Berlin – Deckname: „Babeni-Vest" – in Rumänien, wo die Tätigkeit des Agenten „Kraus" (d.i. Ivan Denes) von Oberst Ion Petrescu und dem Residenten „X-II" analysiert wurde. „Kraus" übergibt bei dieser Gelegenheit seinen Bericht bezüglich des politischen Programms von Radio Free Europe (ACNSAS, SIE 10829, vol. 2, Bl. 204).

25 Vgl. ACNSAS, SIE 10829, vol. 5, Bl. 620f.

26 Ion Ioanid, a.a.O., S. 294.

27 Mikroverfilmter, schwer lesbarer Bericht, viele Seiten sind lückenhaft und können nicht entziffert werden (ACNSAS, SIE 10829, vol. 2, Bl. 854–893).

28 Raport cu propunere de închidere a dosarului personal „Konrad" [Bericht zum Vorschlag der Schließung der Personalakte von „Konrad"] vom 8. Juli 1991 (ACNSAS, SIE 10829, vol. 2, Bl. 971).

29 Siehe beispielsweise den Artikel: Er ist Jude – aber für Linke ein „Nazi". Vermummte Links-Banditen überfallen unseren Chefredakteur. In: Deutschland-Magazin, Nr. 37, 2008, S. 1, S. 5. Im gleichen Blatt wird eine neue Publika-

einer extremistischen Splittergruppierung, der Wählerinitiative „Bremen muss leben" von Joachim Siegerist[30]. Dieser war 1993 Abgeordneter im lettischen Parlament und wurde 1997 wegen Volksverhetzung in Hamburg verurteilt. Am 17. Januar 2011 informierte die *Junge Freiheit* in einem kurzen Nachruf, dass ihr Mitarbeiter Ivan Denes „überraschend gestorben" war.[31]

Anhang

I. Heinz Stănescu

[**25. Februar 1949.** Autobiografie von Heinz Stănescu]

AUTOBIOGRAFIE[32]

Unterzeichneter HEINZ ROTTENBERG-STĂNESCU (offiziell geänderter Name im November 1947), geboren in Wien – Österreich am 19. September 1921, als meine Mutter bei ihrer Familie weilte, um entbunden zu werden. Zurzeit wohne ich in Bukarest, Alex.-Sahia-Str. Nr. 58, V. Etage, in einem Zimmer (mit separatem Eingang, kleiner Küche und Bad), insgesamt 26 m^2, einer Eigentumswohnung, in der ich zusammen mit meinem Vater lebe; Telefonanschluss 1.22.23.
Ich bin ein Securitate-Hauptmann, Abteilungsleiter in der Generaldirektion der Volkssicherheit, Abteilung 1, Dienststelle 3[33], Telefon 3.96.97, Innenanschluss 359.
Ich besitze das von mir bewohnte Zimmer in Bukarest, verfüge bloß über mein Gehalt und habe keine weiteren Einkommen. Ich bin Jude, spreche fließend Englisch, Französisch, Deutsch, ziemlich gut Italienisch. Ich war 1921, 1936 und 1937 (vielleicht auch noch einmal, als ich 6–12 Jahre alt war) mit meiner Mutter in Wien, für eine Dauer von je einem Monat, da sie dort ihre Familie besuchte, und 1932 oder 1933 war ich auf

tion von Denes angekündigt (betitelt: Politisch unkorrekt) und den Interessenten ein Bestell-Coupon zur Verfügung gestellt (ebenda, S. 5).

30 Siegerist ist der Verfasser eines fragwürdigen Kolportagebuches über die rumänische Revolution: Ceaușescu – Der rote Vampir. Hamburg: Wirtschafts- und Verbands-PR 1990.

31 Ivan Denes überraschend gestorben. In: Junge Freiheit, 17. Januar 2011.

32 Maschinengeschriebenes Dokument, Durchschlag, umfasst 4 Seiten.

33 Rumänisch: Direcția Generală a Securității Poporului, Direcția 1, Serviciul 3.

einer Kreuzfahrt von Bari nach Venedig (Italien). Nach 1937 habe ich das Land nicht verlassen.

Ich bin nicht verheiratet.

Mein Vater, Filip Rottenburg, 81 Jahre alt, der bei mir wohnt und von mir versorgt wird, hat sich niemals politisch betätigt und war bis 1940, also bis zu seinem 72. Lebensjahr, leitender Prokurist der Vereinigten Schiffsgesellschaft in Brăila, er gehört keiner politischen Organisation an und verfügt über kein Vermögen.

Meine Mutter, Ghizela Sella Rottenberg, 62 Jahre alt, lebt, sie ist Hausfrau, hat sich nicht politisch betätigt. 1946 wurde sie Mitglied der Frauenorganisation (U.F.A.R.), nach ihrem Umzug nach Bukarest, zusammen mit mir, ruhte ihre Mitgliedschaft, da sie sich ausschließlich um den Haushalt kümmerte. Sie besitzt eine Eigentumswohnung (ein Haus) in Brăila. Ich habe keine Geschwister, keine Ehefrau und auch keine Kinder. –

Im Ausland habe ich folgende Verwandte:[34]

1. Henri Berger, Student in Frankreich, Mitglied der KP, ohne Vermögen, er verließ seine Heimat 1939 aus Angst vor den hitleristischen Gewalttätigkeiten, er ist mein zweiter Cousin.
2. Igna Strauss, Landwirtschaftsverwalter in Frankreich, war Mitglied der Resistance, ohne Vermögen, er verließ Österreich 1939 und ist mein Onkel.
3. Robert Schmidt, Beamter, besitzt ein Appartement in Wien – Österreich, in dem er wohnt, Mitglied der Sozialistischen Partei, ehemaliger politischer Gefangener, er ist mein Onkel und war niemals in der Rumänischen Volksrepublik.
4. Bertha Schmidt, Hausfrau, ist die Ehefrau des oben Erwähnten.
5. Marie Strauss, Beamtin, Witwe, ohne Vermögen, wohnhaft in Wien, ich glaube, sie ist nicht politisch tätig, sie war die Ehefrau eines Onkels, der von den Deutschen deportiert und ermordet wurde.
6. Flora Matzner, Krankenschwester in den Vereinigten Staaten, aus Angst vor den Hitleristen floh sie 1938 aus Österreich, sie besitzt kein Vermögen, sie ist 72 Jahre alt und politisch nicht tätig. In Österreich war sie Mitglied der Sozialistischen Partei, sie ist meine Tante mütterlicherseits.
7. Charlotte Deborah Strauss, militärische Krankenschwester in Palästina, sie floh 1938 aus Österreich, sie ist meine Cousine und verfügt über kein Vermögen.

34 Der Absatz mit den Verwandten ist links mit zwei roten, vertikalen Linien markiert.

Regelmäßigen Briefkontakt habe ich nur mit 1, 3 und 6.
Die Grundschule besuchte ich von 1928 bis 1932 in Brăila.
Aus dieser Zeit kennt mich Ing. Dorel Rosman-Roman, Str. Dir. Generală C.F.R. – [Bl. 80]
Zwischen 1932 und 1940 besuchte ich das theoretische Gymnasium Nicolae Bălcescu in Brăila, meine Eltern kümmerten sich um meinen Lebensunterhalt. Auskünfte über diese Zeit könnten Professor Dimitrie Onofrei-Onifrievici, Mitglied der RAP[35], Dr. Nicolae Apostol, Inspektor im Gesundheitsministerium, RAP-Mitglied, und Dragu Florin aus dem C.I.M.P.[36] geben.
Zusammen mit N. Apostol, Ingenieur Iosif Holban, heute Verwalter der Kunstpresse sowie des Tânărul Muncitor [Der junge Arbeiter], und Emil Valeriu Pisică, ehemaliger Sekretär der Patriotischen Jugend (T.P.) aus dem Kreis Brăila, gründete ich 1937–38 einen linksgerichteten Studienkreis als Gegenstück zu den in unserem Gymnasium mehrheitlich existierenden legionaristischen und cuzistischen[37] Literaturkreisen. Apostol, Pisică und ich waren aufgrund unserer Überzeugungen Verfolgungen ausgesetzt: Schulausschlüsse, Schläge usw. –
Als Sympathisant war ich zusammen mit meiner Freundin 1938 fünf Monate lang Mitglied der zionistischen Organisation Brith Trumpeldor[38], habe diese aber verlassen, nachdem sie ausgeschlossen wurde.[39]
Von 1939 bis 1940 sammelte ich Spenden und unterstützte damit geflüchtete Juden aus der Tschechoslowakei und Österreich, die während ihrer Fahrt nach Palästina von Donauschleppern an Land kamen.
Im November 1940 wurde ich zusammen mit Ion Băncilă von einer Legionärsgruppe verhaftet und geschlagen, um zu gestehen, dass ich der Waffenbeschaffer einer

35 Rumänische Arbeiterpartei (RAP), rum. Partidul Muncitoresc Român (P.M.R.).

36 Um welche Institution es sich handelte, konnte nicht eruiert werden. Der Text enthält auch weitere nicht entschlüsselbare Abkürzungen. Diese wurden ohne nähere Angaben in der vom Verfasser benutzten Schreibweise in diese Übersetzung eingefügt.

37 Gemeint sind die Anhänger der 1927 von Corneliu Zelea Codreanu gegründeten faschistischen Organisation Die Legion des Erzengels Michael (später auch unter dem Namen Eiserne Garde) und die Anhänger der von A. C. Cuza 1923 ins Leben gerufenen antisemitischen Liga der national-christlichen Verteidigung (Liga Apărării Național Creștine – L.A.N.C.).

38 Gemeint ist die zionistische Organisation Brit HaNoar Halvri al shem Joseph Trumpeldor, bekannt unter der rumänischen Bezeichnung Uniunea evreiască de tineret, Joseph Trumpeldor, und unter dem deutschen Namen Hebräischer Jugendbund Joseph Trumpeldor. Die Organisation ist auch unter dem abgekürzten Namen Betar oder Beitar bekannt.

39 Der Abschnitt ist auf dem Blatt links mit einer senkrechten blauen Linie markiert.

kommunistischen Gruppe sei; ich gab zu, in Filipoiu de Baltă, in der Nähe von Brăila, ein Waffendepot zu besitzen, leugnete jedoch, Kommunist zu sein und die Gruppe Stelian Moraru, Constantin Câmpeanu, Ionel Crişan u. a. zu kennen, mit der zusammen ich vor Gericht gestellt werden sollte. Ich wurde jedoch als Anführer der Bande vor Gericht gestellt, da ich angegeben hatte, sie nicht zu kennen, und sie ebenfalls versicherten, mich nicht zu kennen.[40]

Im Gefängnis gehörte ich dem [kommunistischen] Kollektiv an, wurde von St. Moraru wegen meiner Haltung belobigt und erhielt dort auch meine erste Ausbildung in Marxismus, dessen Lehren ich mir anzueignen begann. –

Aus dem Gefängnis in Brăila wurde ich am 27. Mai 1941 entlassen, nachdem ich zusammen mit Lică Adolf Schwartz, Şerban, dem verantwortlichen Redakteur der Kreiszeitung der Organisation aus Brăila, „Înainte" [Vorwärts], den Antrag gestellt hatte, nach Caransebeş überstellt zu werden; aus dem Gefängnis Văcăreşti wurde ich am 7. Juni 1941 zusammen mit Ozias Blumenfeld[41], zurzeit im Kreiskomitee Ilfov der RAP, Batiştei-Str., Marcel Florian-Feigeles, früher Verwaltungssekretär des Kreiskomitees der RAP aus Brăila, gegenwärtig Direktor eines staatlichen Warenhauses in Braşov [Kronstadt], und Caliopi Gavrilă, U.F.D.R.-Verantwortlicher in Brăila, u. a. in das Lager von Tîrgu Jiu eingeliefert.

Im Lager habe ich mich korrekt verhalten, mich in das Kollektiv integriert, das wirtschaftlich von Ladislau Vass, früher im S.F.I.P.I.A.-Exekutivkomitee, und Eugen Nemethy von der Zeitung „România liberă" [Freies Rumänien] verwaltet und politisch von Athanasie Joja[42], Außenministerium, N. Popescu-Doreanu, E. Preoteasa[43], Ing. Carol

40 Wahrscheinlich wegen der unklaren Angabe ist der Abschnitt links mit einer blauen, senkrechten Linie markiert.

41 Im Text falsch geschrieben: Glumenfeld. Einige falsch geschriebene Wörter wurden in dieser Übersetzung stillschweigend korrigiert.

42 Athanasie Joja (1904–1972), Philologe und Jurist, KP-Mitglied seit 1935, Lagerhaft als Kommunist und Antifaschist in Tîrgu Jiu, politisch verurteilt. Parteifunktionär in der kommunistischen Zeit, Mitglied des ZK der RAP, Parlamentsabgeordneter, ab 1966 Vizepräsident der Akademie der Sozialistischen Republik Rumänien (SRR) – vgl. Florica Dobre (Hg.): Membrii C.C. al P.C.R. 1945–1989. Dicţionar [Die Mitglieder des ZK der RKP. 1945–1989. Lexikon], Consiliul Naţional pentru Studierea Arhivelor Securităţii, einleitende Studie von Nicoleta Ionescu-Gură. Bukarest: Editura Enciclopedică 2004, S. 346f.

43 Gemeint ist Grigore Preoteasa (1915–1957), kommunistischer Intellektueller, Mitglied des ZK der RAP und Außenminister (1955–1957). Parteimitglied aus der Zeit, als die KP verboten war, verhaftet und wegen seiner antifaschistischen und kommunistischen Tätigkeit wiederholt in verschiedenen Lagern interniert. Nach dem Sturz des faschistischen Militärregimes von Ion Antonescu am 23. August 1944 Chefredakteur der Tageszeitung România liberă [Freies Rumänien]. Er starb auf dem Weg nach Moskau bei einem Flugzeugabsturz. Unter den Überleben-

Neumann, Berater im Zentralkomitee der Generalvereinigung Rumänischer Ingenieure [C.C. A.G.I.R.[44]], unterstützt wurde; am 27. Mai 1942 wurde ich entlassen. –
Nachdem ich nach Brăila zurückgekehrt war, musste ich mich wöchentlich bei der Siguranța[45] melden, wo ich jeden Sonntagmorgen die Kommissare Stan Tache oder Stan Corneliu oder die Agenten Stănculescu Alexandru und Gheorghe Popescu zu kontaktieren hatte. Erst später erfuhr ich, dass ich wöchentlich von den Polizisten Al. Stănculescu und Ene Stănciulescu beschattet wurde. Davon erfuhr ich erst 1945, als ich in den Polizeidienst trat, bezeugen kann dies Al. Stănciulescu[46], der zurzeit als Milizfeldwebel[47] in Pitești tätig ist. –
Unter der Kuratel meiner Eltern stehend, vermied ich sogar die Kontakte zu Leuten aus dem Haushalt.
Auskünfte geben über diese Periode kann Mali[48] Strulovici, die [Bl. 81] ich auf Anweisung des Lagerkollektivs nach meiner Entlassung kontaktierte und der ich laut den von ihr erteilten Aufträgen mehrere Male Geld überreicht habe, das ich aus dem teilweisen Verkauf von Büchern aus meiner Bibliothek an einen Antiquar eingenommen hatte; bezeugen können dies auch Major Oprea, den ich sonntags, wenn ich mich bei der Siguranța meldete, traf und der weiß, mit welch großer Aufmerksamkeit man mich beobachtete, Alexe (Ion, glaube ich), Caliopi Gavrilă u. a., die alle in Brăila ausfindig gemacht werden können.
Ich möchte noch anführen, dass man mir seitens der Siguranța keinerlei Angebote zur Mitarbeit gemacht hatte, Siguranța-Chef Ceaioglu und Tăbârcă (†) sagten mir offen ins Gesicht, sie würden nicht glauben, dass ich kein Kommunist sei.
Im August 1942 wurde ich der Arbeitsbrigade Vădeni zugeteilt mit dem offiziellen Hinweis: Kommunist, hat Schwerstarbeit zu verrichten. Einige Tage später wurde ich der Reparaturwerkstatt zugewiesen, die von Meister Traian Ionescu, früher Mitglied des Kreisrates Brăila seitens der Sozialdemokratischen Partei (P.S.D.), heute RAP-Mit-

---

den des Unfalls befand sich der spätere Parteichef Nicolae Ceaușescu (weitere Einzelheiten in Dobrica: Membrii, S. 490).

44 Asociația Generală a Inginerilor din România – A.G.I.R.

45 Siguranța (Sicherheit) war bis 1948 die Bezeichnung des rumänischen Geheimdienstes.

46 Unterschiedliche Schreibweisen im Text: Stănciulescu und Stănculescu.

47 Miliz war die Bezeichnung der rumänischen Polizei während der kommunistischen Zeit. Die alte Berufsbezeichnung Polizei wurde nach der Revolution von 1989 wieder eingeführt.

48 Falsch abgetippter Name: Moli statt Mali.

glied, geleitet wurde.

Im September 1942 wurde ich zusammen mit 7–8 Juden verhaftet, um nach Transnistrien deportiert zu werden; ich erinnere mich an einen gewissen Marcel Rottman und an Dr. Marietta Scherdi, Adolf Elias, Mitglied der Kreisleitung des Verbandes der Werktätigen Jugend (VdWJ / U.T.M.) in Galaţi; auf Befehl der Siguranţa aus Bukarest wurde ich zusammen mit Marietta Scherdi entlassen. Sämtliche Kleidungsstücke und mein Gepäck habe ich unter den Genossen verteilt.

Meine Entlassung habe ich der persönlichen Intervention meiner Tante Helene Rottenberg aus Brăila, Ruhimlor-Str. 1, geborene Petalo – Griechin – zu verdanken, die sich direkt an General Piki Vasiliu[49] gewandt hatte, dessen Freundin sie früher in Galaţi gewesen war. Auskünfte über diese Angelegenheit kann meine Tante geben, eventuell auch Leute, die mit Piki Vasiliu zusammengearbeitet haben, Gen[osse] C-tin Varlam aus Brăila, der den Brief meiner Tante Vasiliu übergeben hatte, der frühere Major der Gendarmerie Neştianu aus Brăila, der die telefonische Anweisung seitens des Kabinetts von Vasiliu entgegengenommen hatte.[50]

Nach meiner Entlassung wurde ich vier Tage lang festgehalten und danach erneut dem Drahtherstellungsbetrieb zugeteilt.

Später wurde ich der Arbeitsbrigade „100 Dämme" zugeteilt, deren Namen auf die Bezeichnungen unserer Unterkünfte „Corbii Vechi" [Alte Raben] und später „Cotu-Lung" [Langer Ellbogen] zurückzuführen ist, wo es ein Kollektiv gab (fast so ähnlich wie in Tîrgu Jiu), dem u. a. folgende Leute angehörten: Mendel Ernest, zurzeit Ingenieur der Bukarester Rundfunkanstalt und U.N.S.R.-Aktivist[51] am Polytechnikum; Sapira Solomon, früher VdWJ-Verantwortlicher für Sportunterricht im Kreis Brăila, heute Beamter in der Wirtschaftsabteilung des Kreises Brăila, Sina Schwartz, heute, so glaube ich, Comcar-Beamtin, Lopi Poch, heute Aktivistin im ZK des VdWJ.

Wegen meines kameradschaftlichen Verhaltens wurde ich öffentlich von einem gewissen Laubmüller als Kommunist denunziert. Während meines Aufenthalts in der

49 Constantin Z. („Piki") Vasiliu (1882–1946) General, Kommandant der rumänischen Gendarmerie (1940–23. August 1944) und Unterstaatssekretär im Innenministerium (3. Januar 1942–23. August 1944). Als Kriegsverbrecher zum Tode verurteilt und am 1. Juni 1946 zusammen mit weiteren Mitgliedern der Antonescu-Regierung in Jilava hingerichtet.

50 Dieser und der folgende Absatz sind links mit zwei roten und drei blauen, senkrechten Linien markiert.

51 Landesverband der Studenten aus Rumänien, Uniunea Naţională a Studenţilor din România – U.N.S.R.

Brigade hatte ich keinerlei organisatorische Verbindungen.
Vom März 1944 bis 23. August 1944 war ich in der Arbeitsbrigade „Polygon Brăila", über meine dortige Tätigkeit und meinen Kampf gegen die Korruption, die darauf hinauslief, nur die Alten und Armen arbeiten zu lassen, könnten folgende Leute Auskünfte geben: Sina Schwartz aus Brăila, ich glaube tätig bei Comcar, mit einem Bruder bei der Kreisparteizeitung „Înainte" [Vorwärts], Isac Laufer, heute technischer Abteilungsleiter der VdWJ-Kreisleitung Brăila, Filip Crişan, heute bei der Romcereal[52] Brăila, etc.
Ab dem 23. August arbeitete ich bei der Zeitung „Înainte" in der VdWJ-Abteilung für Schüler, der A.P. und U.P.[53]
Im Oktober 1944 beantragte ich die Aufnahme in die Partei und leistete de facto Parteiarbeit. 1945 arbeitete ich in der Abteilung für Schüler innerhalb der Fortschrittlichen Jugend (T.P.[54]) und sehr viel innerhalb der F.D.U.[55] [Bl. 82]
Vom November 1944 bis Februar 1945 besuchte ich in Bukarest die Fakultät für Sprach- und Literaturwissenschaften und war innerhalb der Organisation der Wissenschaftsfakultät, die ich auch besuchte, tätig, Auskünfte darüber kann Mihai Popescu geben, der, so glaube ich, heute eine Assistentenstelle an der Wissenschaftsfakultät hat.

---

52 Staatliches Unternehmen für Getreidehandel. Auch Comcereal.

53 Prokommunistische Organisationen. Der Verband der Patrioten (Uniunea Patrioţilor – U.P.) beispielsweise wurde bereits 1942 gegründet und organisierte im Untergrund gegen den antisowjetischen Krieg gerichtete Aktionen (vgl. Ilarion Ţiu: Ofensiva comuniştilor [Offensive der Kommunisten]. In: Jurnalul Naţional, 6. Dezember 2005).

54 Abkürzung des prokommunistischen Verbandes Fortschrittliche Jugend (Tineretul Progresist – T.P.).

55 Demokratische Front der Akademiker, rum. Frontul Democrat Universitar – F.D.U. Es handelt sich um eine der zahlreichen Organisationen, die innerhalb der Nationaldemokratischen Front (Frontul Naţionaldemocrat – FND) tätig waren. Die Front war ein nach dem 23. August 1944 entstandener Zusammenschluss von prokommunistischen Organisationen: der RKP (PCR), der Sozialdemokratischen Partei (PSD), der Bauernfront (Frontul Plugarilor), der Sozialistischen Bauernpartei (Partidul Socialist Ţărănesc), dem Verband der Patrioten (Uniunea Patrioţilor – U.P.), der Bäuerlichen Volkspartei (Partidul Ţărănesc Popular), der Einheitlichen Arbeiterfront (Frontul Unic Muncitoresc – FUM), der Nationalen Jugendfront (Frontul Naţional al Tineretului), der Demokratischen Akademischen Jugend (Tineretul Democratic Universitar) – mehr zu diesen Vereinigungen in: Dinu C. Giurescu: Guvernarea Nicolae Rădescu [Die Regierungszeit Nicolae Rădescus]. Bukarest: Editura ALL 1996, S. 32. Einige dieser Organisationen haben ihre Namen geändert und tauchen aus diesem Grund häufig unter anderen oder sehr ähnlichen Bezeichnungen auf.

Vom April bis Mai 1945 arbeitete ich bei der Polizei, vertrat dort die Linie der RKP, danach RAP, und war dort als politischer Erzieher (Brăila – Bukarest) und als Sekretär (Brăila) beschäftigt.
Nach meinem Hochschulabschluss 1947 arbeitete ich nicht mehr im Jugendbereich.
Ich habe etwas vergessen und füge es jetzt hinzu: 1942 begegnete ich Marcel Florian (Feigeles), den ich fragte, was ich noch an Parteiarbeit leisten könnte, er hat mich jedoch abgewimmelt und behauptet, er verstehe mich nicht. Um einen Verbindungsmann zu finden, sprach ich Marin Oprea an, der sich ebenfalls regelmäßig bei der Siguranţa melden musste, dieser sagte, er habe alles satt und glaube, sein eigener Sohn würde ihm nachspüren.
Abgesehen von der wöchentlichen Meldepflicht hatte ich vor dem 23. August 1944 keinen Kontakt zur Siguranţa. Obwohl ich nach meiner Entlassung aus dem Lager Kontakt zur Arbeiterbewegung aufnehmen wollte, gelang mir dies nicht, mit Ausnahme der Kontakte zu Moli [!] Strulovici und jener, die in Verbindung mit der Roten Hilfe zustande kamen.
Angaben machen über mein Verhalten in der Zeitspanne 1942–1944 können der Genosse Mondi Schwartz aus Brăila, der fast die ganze Zeit über mit mir zusammen in der gleichen Arbeitsbrigade war, sein Aufenthalt kann mit Hilfe seines Freundes Pascu Ştefănescu, Mitglied des ZK des VdWJ, ausfindig gemacht werden, oder mit Unterstützung der Genossin Ada Ştefănescu, Sekretärin des Genossen S. Toma[56], von der „Scânteia" [Der Funke].

56 Sorin Toma (1914, Bukarest – 2016, Tel Aviv), Sohn von Alexandru Toma (1875–1954). Chefredakteur des Zentralorgans der KP, Scînteia [Der Funke], 1947–1960. Sorin Toma ist der Verfasser eines gegen den Dichter Tudor Arghezi gerichteten, berüchtigten Schmähartikels, der in der Scînteia vom 5., 7., 9. und 10. Januar 1947 unter folgendem Titel erschienen ist: Poezia putrefacţiei sau putrefacţia poeziei. Răsfoind volumele lui T. Arghezi [Die Poesie der Fäulnis oder die verfaulende Poesie. Beim Durchblättern der Gedichtbände von T. Arghezi]. Vgl. Sorin Toma: Privind înapoi. Amintirile unui fost ziarist comunist, redactor şef al Scînteii din 1947 pînă în 1960 [Rückblick. Erinnerungen eines ehemaligen kommunistischen Zeitungsschreibers, Chefredakteur der Scînteia von 1947 bis 1960]. Bukarest: Editura Compania 2004.

Allerdings kann auch Ada Ştefănescu Angaben über meine Tätigkeit für diesen Zeitraum machen.

25. Februar 1949
(gez.) Stănescu Heintz
für die Richtigkeit
[Bl. 83]

ACNSAS, P 13978, Bl. 80–83

[**7. Juli 1949.** Eine weitere Autobiografie von Heinz Stănescu]

Bukarest, 7. Juli 1949[57]

AUTOBIOGRAFIE

Ich, STĂNESCU (früher Rottenberg) HEINTZ, Volkssicherheitshauptmann, gebe hiermit auf Wunsch der Kaderabteilung der Generaldirektion der Volkssicherheit eine ausführlicher gestaltete Autobiografie ab:
Ich wurde am 19. September 1921 in Wien – Österreich geboren, wohin meine Mutter gefahren ist, um bei ihrer Familie zu entbinden.
Mein Vater, Filip Rottenberg, geboren 1868 in Galaţi, lebt; obwohl er schwer krank war, arbeitete er als hoher Beamter bei der Vereinigten Schiffsgesellschaft Brăila – genauer: als Prokurist – und zwar bis zu seinem 72. Lebensjahr, d. h. bis etwa 1939–1940, als er wegen der rassistischen Verfolgungen seinen Beruf nicht mehr ausüben konnte; er war niemals politisch tätig, seine politischen Sympathien galten allerdings den linksgerichteten bürgerlichen Gruppierungen, beispielsweise zuerst der Nationalen Bauernpartei (P.N.Ţ.[58]), dann Dr. Lupu und Iunian[59]; meine Mutter, Hausfrau, geboren in Wien 1886, interessierte sich niemals für Politik; 1946–1947 konnte ich sie überzeu-

57 Maschinengeschriebener Text. In der Akte befinden sich weitere Kopien des Dokuments, auch eine handschriftlich unterzeichnete Fassung (Bl. 100–102). Die abweichende Schreibweise seines Vornamens (Heintz-Heinz) wurde beibehalten.

58 Rum. Partidul Naţional Ţărănesc – P.N.Ţ.

59 Nicolae Lupu (1876–1947) und Grigore Iunian (1982–1939) spielten vorübergehend eine führende Rolle innerhalb der P.N.Ţ.

gen, der Frauenorganisation (U.F.A.R.-U.F.D.R.) beizutreten.
Beide Eltern besitzen ein Haus in Brăila.
Zwei Monate nach meiner Geburt kam ich ins Land, mein fester Wohnsitz war bis 1947 in Brăila, als ich von der Polizeiquästur Brăila zum Korps der Detektive versetzt wurde.
Von 1928 bis 1932 besuchte ich die Volksschule, danach das theoretische Gymnasium Nicolae Bălcescu, 1932–1940.
In diesem Zeitabschnitt besuchte ich mehrere Male zusammen mit meiner Mutter deren Familie in Wien, zuletzt 1937.
Von 1940 bis 1941 war ich ein politischer Häftling, von 1941 bis 1942 politisch interniert in Tîrgu Jiu, ab 1942 in Zwangsarbeitsbrigaden. Tomescu-Betriebe, Vădeni, Drahtherstellungsbetrieb, 100 Dämme und Polygon, wobei ich jeweils im Gefängnis, im Lager oder in dem der Arbeitsbrigade zugewiesenen Bereich wohnte.
1947 wurde ich in die Hauptstadt versetzt. Wohnhaft: Alex.-Sahia-Str. Nr. 58, in einem Zimmer mit separatem Eingang und Bad (insgesamt 26 m^2), dessen Besitzer ich bin.
Unverheiratet, stehe aber kurz vor der Eheschließung.
Ich versorge meine Eltern.
Ich habe einen Hochschulabschluss in Literatur- und Sprachwissenschaften sowie in Philosophie, besuchte die Fakultät von 1944 bis Juni 1947, als ich die Abschlussprüfung ablegte, im Fernkurs ab 1. April 1945, nachdem ich als Kommissar der Polizeiquästur Brăila eingestellt wurde, davor im Präsenzkurs, jedoch mit Unterbrechungen im Winter 1944–1945, als ich in Bukarest bei meinem Cousin wohnte.
Aus der Volksschulzeit kennt mich der Medizinstudent Brenner Sever, dessen derzeitige Anschrift mir nicht bekannt ist.
Aus der Gymnasialzeit kennen mich Dr. Apostol Nicolae, tätig in der Kaderabteilung des Gesundheitsministeriums, Telefon 3.6045, Dr. Marcel Rothman, Agatha-Bârzescu-Str. Nr. 21, Ingenieur Dragu Florin vom C.I.M. (?), L. Şerban, verantwortlicher Redakteur der Kreisparteizeitung aus Brăila, Dr. Malca Glücksman vom Elias-Krankenhaus, Telef. 7.22.10, Ing. Iosif Holban, Verwalter bei der Zeitung „Scânteia Tineretului" [Funke der Jugend], etc. [Bl. 96]
Während der Gymnasialzeit gründete ich einen linksgerichteten Studienkreis zusammen mit Emil Valeriu Pisică, ehemaliger Kreissekretär der Fortschrittlichen Jugend (T.P.) aus Brăila – dessen jetziger Aufenthaltsort mir nicht bekannt ist –, Dr. Nicu Apostol und Ing. Iosif Holban; deswegen wurden wir 1936–1937 als Kommunisten unserer

Klasse an den Pranger gestellt und bestraft.
1938–1939 war ich in eine geschiedene Frau verliebt und folgte ihr in die Jugendorganisation Brith Trumpeldor; nachdem sie wegen unsittlichen Verhaltens ausgeschlossen wurde, verließ ich ebenfalls diese Organisation. –
Im November 1940 wurde ich zusammen mit einer Gruppe Kommunisten verhaftet und beschuldigt, deren Waffenbeschaffer gewesen zu sein, nachdem die Legionärspolizei bei mir einen Revolver Kaliber 6,35 entdeckt hatte, mit dem ich im Keller Zielschießübungen machte, allerdings ohne dabei irgendwelche politischen Absichten zu verfolgen.
Im Laufe der Untersuchungen war ich den Folterungen nicht gewachsen, glücklicherweise war mir die Gruppe nicht bekannt, andernfalls hätte ich einiges ausgeplaudert. –
Ich wurde trotzdem vor Gericht gestellt und wegen unbefugten Waffenbesitzes zu 6 Monaten Gefängnis verurteilt; im Gefängnis weihten mich Genosse Stelian Moraru, Vorsitzender der Eisenbahnergewerkschaft, Ionel Crişan vom Außenministerium und Constantin Câmpeanu, ehemaliger Generalsekretär im Forstwirtschaftsministerium, in die Grundlagen des Marxismus ein.
Ich lebte in diesem Gruppenkollektiv zusammen mit den oben erwähnten und mit Pascu Ştefănescu, Mitglied des Politischen Exekutivkomitees des ZK des VdWJ, Lucian Stancu, verantwortlicher Leiter in der Parteiorganisation des Ministeriums für Kunst, L. Şerban und Mendel Tichel aus Brăila, Betrieb Orezul [Reis].
In den 7 Monaten meiner Haft war ich in den Gefängnissen Malmaison, Constanţa, Văcăreşti und Brăila.
Am 27. Mai 1941 wurde ich entlassen und am 7. Juni 1942 erneut verhaftet und ins Lager von Tîrgu Jiu, Gruppe 7, geschickt, wo ich im Unterstützerkollektiv Aufnahme fand und politisch geschult wurde von Ing. Carol Neuman, Mitglied in der A.G.I.R.-Leitung, Telef. 4.74.12, Ladislau Vass vom ZK der RAP, Eugen Nemethy von der Zeitung „România Liberă" [Freies Rumänien], Grigore Preoteasa, stellvertretender Minister, Athanase Joja, Botschafter, etc. –
Auskünfte über diese Periode können noch Eugen Rosenberg Russu von der Zeitung „Viaţa Sindicală" [Gewerkschaftsleben], Bunelu Klein, Medizinstudent, Pascu Ştefănescu erteilen.
Im Sinne der Anweisungen von Constantin Câmpeanu unterstützte ich die Inhaf-

tierten nach meiner Entlassung am 27. Mail 1942 mit Hilfe von Maly [!] Strulovici aus Brăila, Plevnei-Straße.

Am 6. September 1942 wurde ich erneut verhaftet, um nach Transnistrien verschickt zu werden, wurde aber freigelassen, nachdem meine Tante Elena Rottenberg Petala aus Brăila, Rubinilor-Str. Nr. 1, bei Picky [!] Vasiliu, dessen intime Freundin sie gewesen war, sich für mich eingesetzt hatte. –

In dieser Zeitspanne versuchte ich, mit der Bewegung Kontakt aufzunehmen – von der Partei konnte noch nicht die Rede sein, denn nicht einmal im Lager wurde mir etwas von Marcel Feigeles Florian, ehemaliger verantwortlicher Verwalter der RKP in Brăila, zurzeit bei der Comcereal in Braşov (?), über die Partei direkt mitgeteilt, weil dieser entweder selbst keine Verbindung zur Partei hatte oder sich vor mir fürchtete.

Im September 1942 war ich einige Tage in der Arbeitsbrigade innerhalb des Tomescu-Betriebs, danach im Außendienst in Vădeni, mit dem Vermerk „Kommunist" und dem Hinweis, Schwerstarbeit abzuleisten.

Danach, im Winter 1942–1943, arbeitete ich in der Reparaturabteilung des Drahtherstellungsbetriebs Brăila.

Von damals kennt mich Traian Ionescu, ehemaliger Vorsitzender der Gewerkschaftskommission Brăila, unter dessen Aufsicht ich arbeitete. [Bl. 97] Danach arbeitete ich, wenn ich mich gut erinnere, von 1943 bis Januar 1944 in den Arbeitsbrigaden 100 Dämme, Corbii Vechi und Cotu Mihalea. In dieser Zeit versuchte ich, nach dem Vorbild des Kollektivs in Tîrgu Jiu eine ähnliche Gemeinschaft aufzubauen. Daran beteiligt waren Mendel Ernest, Assistent am Polytechnikum, Dumbrava-Roşie-Str. Nr. 5, Sapira aus der Coroanei-Str. Nr. 3, Brăila, Marcu Iutcovici etc. –

Auskünfte über diese Periode kann Radu Izac, Batiştei-Str. 35, Direktor eines verstaatlichten Betriebs, erteilen.

Während meiner Aufenthalte in Brăila warnte mich der Polizist Alexandru Stănculescu, heute Oberfeldwebel der Miliz in Piteşti, vor der Siguranţa, die mich überwachte.

Vom Januar 1944 bis März 1944 war ich krank, interniert im Krankenhaus, ab März 1944 bis zum 23. August 1944 arbeitete ich im Polygon Brăila.

Von den Leuten im Polygon erinnere ich mich an Mondi Schwartz, Sina Schwartz Iosefsohn aus Brăila, Călăraşi-Str. Nr. 7, die über meine Einstellung Auskünfte geben können. Obwohl ich krankgeschrieben war und intellektuelle Arbeit leisten musste und die Aufgabe hatte, die Leute im Auge zu behalten, setzte ich mich für die Alten

ein, um deren Arbeit zu erleichtern.
Gleich nach dem 23. August 1944 begann ich mit der Arbeit im VKJ und als Verantwortlicher der RKP-Zeitung „Înainte“ [Vorwärts].
Angaben dazu können folgende Personen machen: Erwin Holzer, ehemaliger Regionalsekretär des VKJ Brăila, Adolf Elias, ehemals Mitglied im Regionalbüro der Fortschrittlichen Jugend [T.P.] Galaţi, Filip Hafone, heute in Bukarest in der Dienststelle des Herrn Generaldirektors, O. Florescu, heute im Kollektiv für politische Erziehung der RAP-Organisation der Hauptstadt in der Batiştei-Str., etc.
Vom Oktober 1944 bis Februar 1945 gehörte ich der RKP-Zelle der Bukarester Studenten der Wissenschaftsfakultät an.
Ab Februar 1945 war ich Verantwortlicher für die Schüler aus der Fortschrittlichen Jugend [T.P.]; nachdem den Schülern 1946–1947 politische Tätigkeiten verboten wurden, war ich zuständiger Leiter eines Kreises für marxistische Studien, der später vom VKJ und vom Verantwortlichen für die Jugend seitens der RKP aus der Region Brăila, Ionescu, kontrolliert wurde.
Dazu können Berbecel Octavian, Student in der UdSSR, Dumitru Ştefănescu, Unterleutnant der Securitate-Truppen in Oradea, Mihail Zugravu, damals VKJ-Aktivist, Auskünfte erteilen.
Ab April 1945 war ich in der Polizeiquästur von Brăila beschäftigt, wo ich bis im April 1947 zuständig für Wirtschaftskontrolle war, danach wurde ich nach Bukarest versetzt. Gleichzeitig war ich seitens der Siguranţa inoffiziell zuständig für das Problem der Jugendorganisation der Nationalen Bauernpartei[60].
Über meine professionelle Tätigkeit können Hauptmann Dumitru Raceu, der Leiter der Kreissecuritate Brăila, Leutnant Dănilă Matei u. a. Auskünfte geben. Während dieser Zeitspanne war ich zugleich verantwortlich für die politische Erziehung und Sekretär der Parteizelle innerhalb der Polizei.
Über diese Periode können auch Major Aurel Ignat, der ehemalige Bürgermeister von Brăila Alexandru Weinberger, Dumitru Moldovanu und Victor Segal, beide von der Zeitung „Înainte“ aus Brăila, Angaben machen.
Ab April 1947 war ich Kommissar im Korps der Detektive, ab Dezember 1947 Chefkommissar der Siguranţa, im September 1948 wurde ich Hauptmann der Generaldi-

60 Rum. Partidul Naţional Ţărănesc (P.N.Ţ.).

rektion der Volkssicherheit [D.G.S.P.]. [Bl. 98] Angaben über diese Periode können von Hauptmann Adam Mauriciu, Cosma Augustin und Leutnant Horia Munteanu eingeholt werden.
Einige Monate war ich verantwortlich für Agitation in der Grundorganisation der Volkssicherheit.
Ab September 1948 wurde ich Dienststellenleiter der Abteilung 1, darüber können Generalmajor Nicolschi[61], Oberst Birtaş[62], Oberstleutnant Gluvacov und Hauptmann Poplicher Wolf, Ionescu Aurelian und Adam Mauriciu Auskünfte erteilen.
Auskünfte über mein Privatleben können eingeholt werden von Victoria Cerni von der Abteilung 8, von Adam Mauriciu, Ida Cumpănă u. a.
Bezüglich meines Intimlebens wäre festzuhalten, dass ich außer oberflächlichen Beziehungen zu leichten Frauen und kurzlebigen Abenteuern auch zeitlich längere intime Beziehungen zu Hennylou Hirschhorn aus Brăila, zwischen 1932 und 1937, unterhielt, zu Tilly Grupper Abramovici, zwischen den Jahren 1938 und 1947, aus Brăila, Karl-Marx-Boulevard 93, zu Aurelia Tennenbaum aus Bukarest (zwischen 1942 und 1944, ihre Anschrift kenne ich nicht) und zu Dr. Malca Glückman vom Elias-Krankenhaus des ZK der RAP, zwischen 1947 und 1949.
Jetzt habe ich einen Antrag zur Genehmigung meiner Eheschließung mit Dr. M. Glückman eingereicht.

(gez.) Stănescu Heintz
[Bl. 99]

ACNSAS, P 13978, Bl. 96–99

61 Alexandru Nicolschi (1915–1992), Securitate-General, bekleidete bis 1961 wichtige Funktionen im Geheimdienstapparat.

62 Gavrilă Birtaş (1902–?), tätig in der verbotenen KP, 1946 Siguranţa-Chef in Oradea, 1948 Securitate-Oberst und Leiter der Hauptabteilung 1, direkter Vorgesetzter von Heinz Stănescu.

II. Ivan Denes

[**28. November 1948.** Autobiografie von Ivan Denes]

AUTOBIOGRAFIE[63]

Ich heiße IVAN DENES, meine Eltern sind: IGNATIE DENES und ELISABETA N. POLLAK. Mein Vater war 30 Jahre lang (1918–1948) Leiter der Firma „Balcan Impex S.A." aus Temeswar. Heute ist er Abteilungsleiter der staatlichen Handelsgesellschaft „Alimentexport". Meine Mutter ist Hausfrau. Ich habe eine Schwester, RITA, in Temeswar, verheiratete MOLNAR, Absolventin des Polytechnikums aus Temeswar (Fakultät für Bergbau und Metallurgie), auf Landesebene war sie die beste Studentin. –

Ich wurde am 16. September 1928 in Temeswar geboren. Die Grundschule besuchte ich ab meinem 6. Lebensjahr, den Unterricht in der Grundstufe absolvierte ich in einer staatlichen Lehranstalt. Als Zehnjähriger wurde ich Schüler des zionistischen Gymnasiums in Temeswar, blieb dort zwei Jahre lang (1938–1939, 1939–1940) und beendete daselbst die erste und zweite Klasse. –

1940 musste ich diese Schule wegen der rassistischen Gesetzgebung verlassen und schrieb mich im konfessionellen israelitischen Gymnasium in Temeswar ein. –

Bereits in der V. Gymnasialklasse kam ich in Berührung mit den fundamentalen Gedanken des Sozialismus, allerdings exklusiv durch Lektüre. Im Herbst 1943 (am 10. September) hatte ich den ersten direkten Kontakt mit der illegalen Bewegung, die Verbindung wurde über den Gen. ANDREI SPOLEABKA aufrechterhalten. Dank der erhaltenen Anweisungen baute ich im Gymnasium eine VKJ-Zelle auf. –

Nach der Aufhebung der Illegalität am 23. August war ich innerhalb des VKJ tätig, zuerst in der Finanzkommission der Region Temeswar, danach in der Redaktion des Wochenblattes „Tineretul luptător" [Die kämpferische Jugend]. –

In dieser Zeitschrift habe ich zahlreiche Artikel veröffentlicht, einen über LEONID

63 Das Dokument umfasst 8 schreibmaschinengeschriebene Seiten. Auf der ersten Seite ist vermerkt, dass es sich um einen Durchschlag handelt.

LEONOW[64], der auch in der „Scînteia Tineretului"[65] [Der Funke der Jugend] erwähnt wurde. –
Mit 16 und einhalb Jahren wurde ich am 1. Mai 1945 Parteimitglied. –
Auskünfte über meine Tätigkeit im VKJ kann Gen. JIVCOVICI MIRKO[66] von der Temeswarer Parteikreisleitung geben.
Im August 1945 erhielt ich (zusammen mit meinem guten Freund ROBERT DASCAL, zurzeit Medizinstudent im IV. Jahrgang in Temeswar) [Bl. 201] vom Gen. Minister ŞTEFAN VOITEC[67] die Sondergenehmigung, die 8. Gymnasialklasse abzuschließen und die Abiturprüfung im Herbst (im Lyzeum C. DIACONOVICI Loga) abzulegen. –
Auf diese Weise habe ich als 17-Jähriger das Gymnasium absolviert. Gleich nach dem Abitur fuhr ich nach Klausenburg und habe mich an der Fakultät für Literaturwissenschaften und Philosophie eingeschrieben und wählte als Hauptfach Psychologie, weil ich mich von der Seelenkunde immer schon besonders angesprochen fühlte. –

---

64 Leonid Maximowitsch Leonow (1899–1994), sowjetischer Schriftsteller. Verfasser des Romans Русский лес [Der russische Wald], der 1957 mit dem Leninpreis ausgezeichnet wurde.

65 Zentralorgan des 1922 gegründeten Verbandes der Kommunistischen Jugend (Uniunea Tineretului Comunist – UTC). Nachdem 1945 die Organisation Fortschrittliche Jugend (Tineretul Progresist, T.P.) gegründet wurde, erhielt das Blatt zeitweilig den Namen Tinereţea [Die Jugend]. In den jeweiligen Kreisen wurden damals Zeitungen mit ähnlich klingenden Namen herausgegeben, die alle der kommunistischen Partei nahestanden. Chefredakteur des Zentralorgans der Fortschrittlichen Jugend, Tinereţea, war Paul Cornea (vgl. Ce a fost – cum a fost. Paul Cornea de vorbă cu Daniel Cristea-Enache [Was war – wie es war. Paul Cornea im Gespräch mit Daniel Cristea-Enache]. Iaşi: Polirom/Cartea Românească 2013, S. 87f.) 1948 wurde dann der Verband der Werktätigen Jugend – VdWJ (Uniunea Tineretului Muncitor – UTM) gegründet, der 1965 wieder in VKJ umbenannt wurde.

66 Mirko Jivcovici, Angehöriger der rumänienserbischen Minderheit, geboren 1921 im Banat, Parteifunktionär im Temeswarer Regionalbüro, danach Tätigkeit im Bukarester Departement für Minderheitenfragen und im Staatsverlag. Er war einer der führenden Mitglieder der Slawischen Antifaschistischen Vereinigung, die schon 1945 verboten wurde, danach war er VKJ- und RKP-Funktionär. Er wurde zeitweilig als „Titoist" verdächtigt, bewährte sich aber als loyaler Parteimann während der Verfolgung von mutmaßlichen und tatsächlichen Anhängern und Sympathisanten des jugoslawischen KP-Chefs Iosip Broz Tito. 1952 willigte er ein, als inoffizieller Mitarbeiter für die Securitate unter dem Decknamen „Văljan" Informationen zu sammeln. Siehe dazu: Miodrag Milin, Andrei Milin: Sârbii din România. Documentar şi studii despre remodelarea identitară [Die Serben aus Rumänien. Dokumentation und Studien über die identitäre Umformung]. Einleitende Texte von Mihai Spăriosu und Bata Marianov. Nachwort von Josef Wolf. Târgovişte: Editura Cetatea de Scaun 2017, S. 119–121, S. 148–162, S. 181–183. Über die Tätigkeit rumänienserbischer Securitate-Leute siehe auch: William Totok: Ambivalente Lebensläufe. Securitate-Offiziere zwischen Verklärung und Sachlichkeit (3). In: Halbjahresschrift für Geschichte und Zeitgeschehen in Zentral- und Südosteuropa, 29.–30. Jg., Nr. 1–2, 2017–2018, S. 128–146.

67 Ştefan Voitec (1900–1984), Sozialdemokrat, der 1948 den Zusammenschluss seiner Partei mit der KP mitgetragen hatte. Er bekleidete im Laufe der Jahrzehnte zahlreiche einflussreiche Posten im zentralen Verwaltungsapparat sowie in der Partei. 1980 wurde er Mitglied der Akademie. In seiner Eigenschaft als Vorsitzender der Großen Nationalversammlung (des Parlaments) spielte er 1974 eine zentrale Rolle bei der Investitur Nicolae Ceauşescus als Staatspräsident.

Ich bin nach Klausenburg umgezogen und war innerhalb der Studentenorganisationen politisch tätig. Von Anfang an habe ich in den Seminaren eine energische Haltung eingenommen. –
Die Klausenburger Universität war immer schon für ihre reaktionäre Geisteshaltung bekannt. Ich habe schwere Kämpfe in den Seminaren der Philosophischen Fakultät ausgefochten, denn ich war der einzige aktive Marxist im 1. Studienjahrgang (1945–1946), der diese Seminare besuchte. –
Zu erwähnen wäre noch, dass ich mich ab 1943 systematisch mit dem Studium der marxistisch-leninistischen Doktrin beschäftigt habe und dies bis auf den heutigen Tag fortsetze. –
In der verstrichenen Zeit kann ich auf eine intensive Parteitätigkeit zurückblicken. Anlässlich einer am 24. Januar 1946 stattgefundenen parteifeindlichen Kundgebung der Maniu-Jugend[68], die in einem direkten Sturm der Teilnehmer auf die Kreisparteizentrale kulminierte, gehörte ich zu jenen, die das Eingangstor absicherten. –
Nach dem Beginn des von den Maniu-Studenten im Mai 1946 beschlossenen Streiks gehörte ich zu den von der kleinen Gruppe demokratischer Studenten organisierten Streikbrechern. Ich gehörte zu den 21 Studenten, die die Soziologievorlesung von Professor SUDETEANU besuchten und die Streikposten der Maniu-Leute bezwangen. –
Diese Tatsachen können von den Gen. PAUL VAGO oder Gen. PINTILIE AUREL von der Klausenburger Studentenorganisation und dem Redaktionskollektiv der Zeitung „Lupta Ardeleană“ [Der siebenbürgische Kampf] bestätigt werden. –
In dieser Zeit begannen die Aktionen der demokratischen Studenten, landesweit eine gemeinsame und einheitliche Aktionsfront aufzubauen. Auf diese Weise entstand die Demokratische Front der Akademiker (F.D.U.), deren Gründungsmanifest ich im Mai 1946 in Klausenburg unterzeichnet habe. – [Bl. 202]
Als Delegierter der Klausenburger Studentenschaft nahm ich am ersten Kongress der demokratischen Studenten aus Rumänien teil. –
Ich erhielt den Auftrag, den politischen Rechenschaftsbericht der Klausenburger Delegation zu präsentieren. Der Bericht war von außerordentlicher Bedeutung, da zu

68 Gemeint sind Anhänger der von Iuliu Maniu geführten Nationalen Bauernpartei (Partidul Național Țărănesc – PNȚ).

jenem Zeitpunkt der Streik der Klausenburger Studenten in vollem Gange war und weil in den verschiedenen Universitätszentren des Landes Solidaritätsbewegungen mit den reaktionären Studenten entstanden waren. –
Die Klausenburger Delegation bestand aus Sozialdemokraten, Mitgliedern der Nationalen Volkspartei und einer geringen Zahl von Mitgliedern der Kommunistischen Partei. –
Der Grund dafür war, dass die kommunistischen Studenten, die im Vergleich zu den Streikenden in der Minderheit waren (im Verhältnis 60 zu 8.000), in Klausenburg zurückbleiben mussten. –
Der Delegation gehörten u. a. Gen. TITUS MOCANU[69] und Gen. IACOBI FLORIAN an, zwei ehemalige Legionäre, die sich in die Reihen der Partei eingeschlichen hatten, ebenso Freund VASI MOLDOVEANU, der später den für das Klausenburger Universitätszentrum zuständigen Vorsitz des Landesverbandes der Studenten aus Rumänien [U.N.S.R.] übernommen hatte. –
Um die Einstellung dieser Leute zu charakterisieren, möchte ich erwähnen, dass MOLDOVEANU erklärt hatte, IULIU MANIU sei der einzige fähige Mensch, der Rumänien führen könne. MOCANU, der kürzlich der Partei beigetreten ist, erklärte, LUCREŢIU PĂTRĂŞCANU[70] sei der einzige wahre Kommunist des Landes (dies sagte er, nachdem

69 Titus Mocanu (geb. 1. November 1923, Brăila – gest. 26. April 2004, Köln), Ästhetiker, Universitätsprofessor, war Sekretär der Abteilung für Kunstkritik im Verband der Bildenden Künstler (Uniunea Artiştilor Plastici – UAP). Aus einem von der Securitate verfassten Personalbogen, der sich in einem kollektiven Operativen Vorgang befindet, in dem auch der Philosoph und Schriftsteller Lucian Blaga bearbeitet wurde, wird Mocanu als ein Mitglied der sogenannten Cerchisten angeführt. Als „Cerchisten" wurde eine Schriftstellergruppe aus Hermannstadt bezeichnet, der Ion Negoiţescu, I. D. Sîrbu, Eugen Todoran, Ion Lungu, Ştefan Augustin Doinaş, Deliu Petroiu u.a. angehörten. Mocanu war mit der deutschsprachigen Übersetzerin, Journalistin und Autorin Elisabeth Axmann Mocanu (geb. 19. Juni 1926, Siret – gest. 21. April 2015, Köln) verheiratet. Siehe Ioana Diaconescu: Scriitori în arhivele Securităţii. Un filosof mistico-reacţionar: Lucian Blaga [Schriftsteller im Securitatearchiv. Ein mystisch-reaktionärer Philosoph: Lucian Blaga]. In: România Literară, Nr. 4, 2.2. 2007–8.2.2007, <www.arhiva.romanialiterara.com/index.pl/scriitori_n_arhivele_securitii_un_filosof_mistico-reacionar_lucian_blaga?caut=lucian blaga>, 12.2.2021) und der gleiche Text in dem von derselben Autorin verfassten Band: Scriitori în arhivele CNSAS [Schriftsteller im Archiv des Landesrates für das Studium der Securitate-Archive]. Bukarest: Fundaţia Academia Civică 2012, S. 21–30. Ausführlich über die „Cerchişti" in: Ovid S. Crohmălniceanu, Klaus Heitmann: Cercul literar de la Sibiu şi influenţa catalictică a culturii germane [Der literarische Zirkel aus Hermannstadt und der katalytische Einfluss der deutschen Kultur]. Bukarest: Editura Universalia 2000.

70 Lucreţiu Pătrăşcanu (1900–1954), rumänischer Kommunist und Justizminister, Opfer des Stalinismus, unter Ceauşescu 1968 rehabilitiert. In Klausenburg hielt er 1946 eine Rede, in der er sinngemäß gesagt haben soll, er sei zuerst Rumäne und dann Kommunist. Diese kolportierte Aussage wurde als chauvinistischer Ausrutscher gedeutet und führte u.a. zu seiner späteren Verhaftung und Hinrichtung.

am Vortag unserer Abreise PĂTRĂŞCANU in Klausenburg seine berüchtigte Rede gehalten hatte). –
Zum Zeitpunkt des Kongresses war die politische Lage äußerst verworren.
Die Friedenskonferenz hatte begonnen und die reaktionären Kräfte aus Ungarn versuchten, den Anschluss Siebenbürgens zu erzwingen. Die Kundgebungen der chauvinistischen Maniu-Studentenschaft begannen sich auszuweiten ...[71]
Nach meiner Ankunft in Bukarest habe ich mich umgehend im Zentralkomitee der Partei gemeldet, um genaue Instruktionen bezüglich eines der politischen Lage angemessenen Verhaltens der kommunistischen Studenten entgegenzunehmen. Ich sprach mit dem Gen. E. TEOEDORESCU, der mir die Lage treffsicher erklärte und mir gleichzeitig genaue Anleitungen gab, wie ein Protest gegen die Streikenden vom Kongress erfolgreich verabschiedet werden könnte. –
Dieses Protestschreiben sollte der Höhepunkt des politischen Rechenschaftsberichts der Klausenburger Delegation darstellen. Ich verfasste nachts den Rechenschaftsbericht und das Protestschreiben (tagsüber fanden die Kongresssitzungen statt). –
Der Rechenschaftsbericht sollte am Montag um 10 Uhr vorgetragen werden. –
Am Sonntag wurde ich ins Büro des Gen. MIRON CONSTANTINESCU[72] bestellt, unter dessen Leitung die Arbeiten des Kongresses stattfanden.
Gen. MIRON erklärte mir, dass es politisch nicht angebracht sei, dass ich als Jude den Rechenschaftsbericht präsentiere, und beauftragte daraufhin [Bl. 203] den Gen. TITUS MOCANU mit der Aufgabe, den Rechenschaftsbericht darzulegen. Ich musste diesem diverse Einzelheiten des von mir verfassten Berichtes erklären, den er vorlesen sollte, damit er verschiedene Fragen, die man ihm eventuell stellen würde, beantworten könne. –

71 Hier wurde etwas weggelassen, weil die Person, die das handschriftliche Manuskript abzuschreiben hatte, einige Wörter nicht entziffern konnte. Der maschinengeschriebene Text enthält auch andere fehlerhafte Stellen, die auf die Schwierigkeiten beim Entziffern zurückzuführen sind. Fehlerhafte Stellen wurden in dieser Übersetzung stillschweigend korrigiert und vervollständigt.

72 Miron Constantinescu (geb. 1917, Chişinău – gest. 18 Juli 1974, Bukarest), linksgerichteter Soziologe, Marxist, Historiker, hochrangiger Funktionär der RAP/RKP, 1974 Vollmitglied der Rumänischen Akademie (vgl. Florin Poenaru: Miron Constantinescu. In: Alex Cistelecan, Andrei State (Hgg.): Plante exotice. Teoria şi practica marxiştilor români [Exotische Pflanzen. Theorie und Praxis rumänischer Marxisten]. Cluj-Napoca: Tact 2015, S. 231–287. Siehe auch: Alina Tudor, Dan Cătunaş: Amurgul ilegaliştilor. Plenara PMR din 9–13 iunie 1958 [Der Untergang der Illegalisten. Das RAP-Plenum vom 9.–13. Juni 1958], mit einem Nachwort von Florin Constantiniu. Bukarest: Editura Vremea 2000.

Ich hatte mit Gen. MOCANU ein Treffen am Montagvormittag um 9 Uhr vereinbart, denn um 10 Uhr sollte er das Wort ergreifen. Gen. MOCANU ist jedoch zum festgelegten Termin und auch am nächsten Tag nicht erschienen. Aus diesem Grund hat die Klausenburger Delegation dem Kongress keinen politischen Rechenschaftsbericht vorgelegt. –

Ich präsentierte mich sogleich bei dem Gen. MIRON CONSTANTINESCU, der mein Verhalten als „Panikmache" einstufte, was richtig war (als einzige Entschuldigung dafür kann ich anführen, dass ich mich für den Rechenschaftsbericht verantwortlich fühlte). –

Als Zusatz versuchte ich, im Kongressbüro eine Bestimmung durchzusetzen, die darauf abzielte, ehemalige Legionärsstudenten aus dem Verband demokratischer Studenten auszuschließen. Mein Vorschlag, einen diesbezüglichen Paragrafen in die Verbandssatzung aufzunehmen, wurde nicht diskutiert. –

In der Satzung war die geheime Abstimmung über alle beschlossenen Maßnahmen des Kongresses vorgesehen, über die Annahme der vorgeschlagenen Satzung hingegen wurde per Handzeichen abgestimmt. Bei dieser Gelegenheit habe ich einen schweren disziplinarischen Fehler begangen, da ich mich der Stimme enthielt. –

Nachdem ich wieder zurück in Klausenburg war, wurde ich einem disziplinarischen Verfahren unterzogen. Ich habe meine Selbstkritik vor der Versammlung der Organisation vorgebracht und wurde mit einem strengen Verweis bestraft. – Ich habe das Unterrichtsjahr abgeschlossen und fuhr in den Ferien nach Reschitz, um vor Ort die Arbeitspsychologie zu untersuchen, ein Bereich, der mich zunehmend beschäftigte. –

Zum Schulbeginn kam ich zurück nach Klausenburg, wo ich meine berufliche sowie meine Parteitätigkeit fortsetzte. –

Auch Gen. TITUS MOCANU fand sich zum Schulbeginn in Klausenburg ein; nach dem Kongress war er nicht zurückgekehrt und war auch nicht dem Disziplinarverfahren ausgesetzt, das das Verhalten der Klausenburger Studentendelegation während des 1. F.D.U.-Kongresses untersucht hatte. –

Genosse MOCANU – von dem ich erst damals hörte, dass er aus der Philosophischen Fakultät wegen Aktenfälschung exmatrikuliert worden war – entfesselte eine gegen mich gerichtete Verleumdungskampagne zusammen mit den ehemaligen Legionären L… FLORIAN, MIRCEA DAMIAN u. a. mit der unverkennbaren Absicht, mich aus den Reihen der Parteimitglieder zu entfernen. –

Ich beging damals den Fehler, öffentlich auf diese Angriffe zu antworten, statt die zuständigen Parteigremien zu informieren. Da ich ein impulsives Temperament habe und achtzehn Jahre alt bin, machte ich den Fehler, in der Öffentlichkeit, vor meinen Studienkollegen, großzutun [Bl. 204] und diese Schwäche zur Schau zu stellen, obwohl es sich um interne Parteiangelegenheiten gehandelt hatte; deshalb wiegt mein Fehlverhalten umso schwerer, da alle Anwesenden Mitglieder der Büros der verschiedenen in der Universität aktiven Parteizellen waren. –
Der Winter 1947 war besonders schwer, in Klausenburg verspürte man einen akuten Mangel an Lebensmitteln und Heizmaterial. Die reaktionären Kreise setzten die unterschiedlichsten Gerüchte über die bevorstehende Schließung der Universität in Umlauf. –
Ich habe mich ...[73] völlig unparteiisch verhalten und habe diese Auffassungen geteilt und dazu noch die verschiedenen Regierungsgremien kritisiert, statt den Versuch zu unternehmen, wie es sich für ein bewusstes Parteimitglied geziemt hätte, die Lawine der tendenziösen Gerüchte aufzuhalten. –
Zur gleichen Zeit legte ich einige Seminararbeiten vor, die von dem Gen. MOCANU angegriffen wurden, obwohl sie der marxistisch geprägten Ideologie und im strengsten Sinne des Wortes der Parteilinie entsprachen. Zwischen mir und MOCANU entwickelte sich so etwas wie eine deutliche Rivalität, wenn nicht gar Hass. –
Gen. MOCANU seinerseits hat mehrere Seminararbeiten vorgelegt, die ich angeprangert habe. Ich ließ mich auf ein polemisch geführtes philosophisches Streitgespräch ein, wie man es damals innerhalb der Seminare zu führen pflegte, und habe seine Vorträge mit einem gewissen Erfolg beanstandet. Meine Einwände entsprachen nicht durchgängig der materialistischen Philosophie und meine Kritik stimmte auch nicht mit der eines konsequenten Marxisten überein, da ich stellenweise im Sinne des bequemen Idealismus gegen die Arbeiten von MOCANU vorgegangen war. All diese Auseinandersetzungen fanden in der Öffentlichkeit statt und haben eine große Anzahl von Klausenburger Studenten angezogen, sodass die Seminare sehr gut besucht waren. –
Für all diese Verstöße wurde von der Parteizelle der Philosophischen Fakultät ein Disziplinarverfahren gegen mich eingeleitet. Ich gab mir rechtzeitig Rechenschaft über

73 Auslassungspunkte von dem Verfasser oder der Verfasserin der Abschrift eingefügt.

die von mir begangenen schwerwiegenden disziplinarischen Verstöße. –
Mir war bekannt, dass ich im Sinne des Statuts nicht das Recht haben werde, vor der Disziplinarkommission zu erscheinen, um mich zu verteidigen. Zu meinem größten Erstaunen erfuhr ich, dass ich aus dem Büro der Parteizelle ausgeschlossen worden war, ohne dass mir die Möglichkeit zur Verteidigung eingeräumt worden wäre. Über den Ausschlussbeschluss haben die Mitglieder des Büros erst abgestimmt, nachdem das Büro die Entscheidung im Alleingang getroffen hatte – was grundsätzlich gegen die Satzungsbestimmungen verstößt. [Bl. 205]
Ich kam zur Einsicht, dass mein Ausschluss gerechtfertigt und angemessen war, konnte aber nicht mit der den Statuten widersprechenden Vorgangsweise einverstanden sein, was mich veranlasst hatte, eine entschieden selbstkritische Denkschrift an das Büro zu schicken, in der ich im Geiste der Maßnahme die gegen mich verhängte Strafe als gerechtfertigt auslegte und den Ausschluss als unerlässlich anerkannte. –
Ich hob darin hervor, dass ich in Zukunft immer in der Nähe der Partei verbleiben werde, weil die marxistisch-leninistische Doktrin meiner innersten Überzeugung entspricht. Ich forderte zudem, mir eine Aufgabe anzuvertrauen, um mich zu rehabilitieren. –
Ich konnte nicht in Erfahrung bringen, ob diese Denkschrift der Versammlung vorgelegt oder dem Regionalparteikomitee übergeben wurde. –
Mein Antrag, in dem ich einen Arbeitsauftrag zur Rehabilitierung angesprochen hatte, blieb unberücksichtigt. –
Die Gen. MOCANU und IACOBI FLORIAN versuchten sogar, mich mit allen Mitteln aus der Fakultät auszuschließen. Sie denunzierten mich bei der Wirtschaftsabteilung der Universität und behaupteten, ich hätte meine Angaben bezüglich meiner wirtschaftlichen Lage gefälscht. Ich habe den Beweis erbracht, dass die Anschuldigung völlig aus der Luft gegriffen war. –
In den verschiedenen Seminaren gingen die hitzigen Polemiken die ganze Zeit weiter, was mich immer mehr anstachelte. –
Dies brachte mir den berechtigten oder unberechtigten Titel ein: „Beststudent aus Klausenburg". –
Tatsächlich habe ich während des Unterrichtsjahres sehr fleißig gelernt, meine Psychologiestudien und auch jene der marxistischen Doktrin vertieft. Nach der aufmerksamen Lektüre der hegelschen Logik habe ich eine Broschüre verfasst, in der ich die

Bedeutung der Umkehrung der abstrakten hegelschen Doktrin durch Marx darlegte. Wegen meiner zu jenem Zeitpunkt nicht geklärten Parteizugehörigkeit wurde die Veröffentlichung der Broschüre von den Verlegern abgelehnt. –
Seither sind aber einige von mir verfasste Beiträge (Rezensionen, Kritiken) in der Zeitschrift für Psychologie des Klausenburger Instituts erschienen. –
Die Ferien verbrachte ich bei meinen Eltern in Temeswar. –
Bei meiner Rückkehr nach Klausenburg im November 1947 wurde ich mit Hiobsbotschaften überschüttet. Es hieß, mein Hochschulausschluss stehe kurz bevor. Gen. MOCANU war inzwischen tatsächlich politischer Instrukteur geworden und hatte einen beachtlichen Einfluss innerhalb der akademischen Kreise aus Klausenburg. –
Ich achtete kaum auf die kursierenden Gerüchte, [Bl. 206] da ich glaubte, jeglicher Amtsmissbrauch sei ausgeschlossen; mich kannte die ganze Fakultät als guten Studenten, im 2. Studienjahr habe ich 10 Prüfungen bestanden, davon 9 mit „sehr gut". –
Das war auch MOCANU, STOICA, IACOBI FLORIAN bekannt. Sie wollten um jeden Preis die Fortsetzung der philosophischen Polemiken während der Seminare verhindern und haben sich deshalb für ein drastischeres Vorgehen entschieden: Sie haben mich bei der Siguranţa als Faschist und Reaktionär denunziert. –
Ich wurde in der Fakultät festgenommen und 16 Tage lang nicht verhört. Während der ersten Vernehmung konnte ich alles aufklären. Nachdem ich meine Ausführungen beendet hatte, stellte mir der diensthabende Offizier folgende Frage: „Was suchen Sie hier?" Er ordnete sofort meine Freilassung an, meine Situation jedoch war nun in Klausenburg unerträglich geworden, da ich den denunziatorischen Nachstellungen von MOCANU gänzlich ausgeliefert war. Auch meine Gesundheit war angegriffen, sodass ich kurzerhand den Entschluss fasste, die Stadt zu verlassen, die ich seit damals auch nicht mehr betreten habe. –
In der Zwischenzeit wurden MOCANU, IACOBI und DAMIAN aus ihren Parteiämtern entfernt. –
Genaue Angaben über den Ablauf der Vorgänge in Klausenburg können Gen. ANDREI WOHL, Klausenburg, Mikostraße 65 (23), und Gen. IOANICHIE OLTEANU[74] aus der Re-

74 Ioanichie Olteanu (1923–1997), cerchist, Redakteur mehrerer Publikationen: România viitoare [Das zukünftige Rumänien] (1944–1945), Tribuna nouă [Die neue Tribüne], Ardealul nou [Das neue Siebenbürgen], Lupta Ardealului [Der siebenbürgische Kampf] (bis 1949); in Bukarest Redakteur der Zeitschrift Contemporanul [Der Zeitgenosse] (1949–1953); in Klausenburg von 1957 bis 1969 Chefredakteur der Zeitschrift Tribuna [Die Tribüne]; Sekretär des

daktion der Zeitung „Lupta Ardealului" [Der siebenbürgische Kampf] machen. –
Am 22. Januar 1948 kam ich nach Bukarest, wo mein Antrag zur Versetzung an die Universität angenommen wurde. –
Unter der direkten Anleitung des Herrn Professors TUDOR VIANU[75] begann ich ein Studium der Ästhetik und Literaturkritik, was sich auch an meiner Mitwirkung im Ästhetikseminar spiegelte.
Da ich mein Studium ernsthaft betrieben habe, absolvierte ich das III. und IV. Studienjahr; meine Abschlussarbeit wurde mit „magna cum laude" bewertet. Ich war somit mit meinen 19 Jahren der jüngste Hochschulabsolvent des Landes. –
Ich kehrte zurück nach Temeswar, wo ich mich einige Monate aufhielt. –
Da ich einen Hochschulabschluss hatte, entschloss ich mich, definitiv nach Bukarest umzuziehen, um dort eine Anstellung zu suchen, damit ich nicht mehr auf der Tasche meiner Eltern liege, deren finanzielle Lage nicht besonders gut war. – [Bl. 207]
Ich fand eine Anstellung im Generalantiquariat, dank meines Hochschuldiploms und weil ich mehrere Fremdsprachen (Französisch, Deutsch, Englisch, Ungarisch) spreche. –
Hier arbeitete ich ungefähr zwei Monate lang im Depot, wo ich die Bücher nach politischen Gesichtspunkten aussortierte, aber auch weitere Tätigkeiten verrichtete: Klassifizierungen, Registrierungen usw. Am 1. November 1948 beantragte ich einen einmonatigen Urlaub, um mich auf die Zulassung für das Doktorat vorzubereiten. –

Bukarest, 28. XI. 1948 (gez.) IVAN DENES

Bl. 208

ACNSAS, I 211772, vol. 1, Bl. 201–208

Schriftstellerverbandes (1965–1969) und Chefredakteur der Zeitschrift Tomis (1965–1969), danach Direktor des Verlags Eminescu (1969–1972); ab 1972 Chefredakteur der Zeitschrift Viața Românească [Rumänisches Leben]. Vgl. Biografie Ioanichie Olteanu, <http://www.poezie.ro/index.php/author/0036056/index.html>, – 12.2.2021; Aurel Sasu: Dicționarul Biografic al Literaturii Române – DBLR [Biografisches Lexikon der rumänischen Literatur], Bd. 2, M–Z. Pitești: Editura Paralela 45, 2006, S. 253f.; Iulian Boldea: Ioanichie Olteanu, în volum [Ioanichie Olteanu in einem Band]. In: Apostrof, XXIII. Jg., Nr. 10 (269) 2012.

75 Tudor Vianu (1897/1898–1964), bedeutender Kritiker und Literaturhistoriker, Hochschullehrer, Philosoph, Ästhetiker und Komparatist, Verfasser von Memoiren und Dichter (vgl. DBLR, Bd. 2, M–Z, S. 806–808).

[**17. April 1952.** Vervollständigung der Autobiografie]

Vervollständigung der Autobiografie[76]

Im September 1948 begann ich als Verkäufer im Generalantiquariat meine erste Arbeitstätigkeit. Kurz darauf wurde ein großes Depot des Antiquariats eingerichtet, mit dessen Geschäftsführung man mich beauftragt hatte. Später wurde ich Verantwortlicher für die Zensur der Bücher – zusammen mit Gen. IOZSA JEANNETTA. –
Im Frühjahr 1949 wurde das Generalantiquariat dem Verlag der RAP als Abteilung untergeordnet. Im April wurde ich meiner Funktion entbunden und der Redaktion des RAP-Verlages zugeteilt. Ich wurde zum Redakteur befördert, weil im Verlagsplan die Veröffentlichung mehrerer theoretischer Abhandlungen der Verlagsdirektorin, der Genossin ILCA MALINESCU, vorgesehen waren und ich für die Arbeit in diesem Bereich geeignet schien. Man verzichtete schließlich auf dieses Vorhaben und ich begann im rumänischen Kollektiv des Verlags in der Abteilung für gegenwartsbezogene Broschüren zu arbeiten. –
Hier lernte ich zum ersten Mal, die neue Wirklichkeit des Landes in ihrer ganzen Tiefe zu erfassen. Ich habe an der Erstellung zahlreicher Broschüren mitgewirkt, insbesondere solcher, die sich mit der Veränderung der Dörfer auseinandersetzten. Ich verfasste auch meine erste Arbeit, eine Broschüre für die weiterbildenden Abendkurse der Partei über die Verbreitung wissenschaftlicher Erkenntnisse. –
Meine vorausgehende Ausbildung jedoch schränkte meine Leistungsfähigkeit in diesem Arbeitsbereich ein. Schwierigkeiten bereitete mir vor allem meine Sprache, weil mein akademisch-preziöser Duktus unvereinbar war mit den in agitatorischer Ausdrucksweise verfassten Arbeiten. Deshalb hatte man beschlossen, mich einem anderen Arbeitsbereich zuzuteilen. –
Aufgrund der Verlagsempfehlung kam ich in die Redaktion der Zeitschrift „Îndrumătorul Cultural" [Kultureller Wegweiser][77]. Vom September 1949 bis Juni 1951

76 Durchschlag, 3 maschinengeschriebene Seiten.

77 Die 1949 gegründete Zeitschrift erschien auch in einer deutschen und ungarischen Ausgabe unter dem Titel Kultureller Wegweiser bzw. Müvelödes. 1956 wurde die deutsche Ausgabe in Volk und Kultur umbenannt. VuK-Redaktionsleiter waren bis 1986 – als die deutsche und ungarische Ausgabe eingestellt wurden – Heinrich Simonis (1949–1969), Franz Storch (1969–1982), Anna Bretz ab 1982. Die Redaktion war von mehreren Securitate-

arbeitete ich ohne Unterbrechung in dieser Redaktion. –
Diese Arbeit bewirkte in mir eine tiefe Bewusstseinsveränderung und beeinflusste mein Sein. Bis dahin war ich voller konfuser Ideen und hatte Zweifel bezüglich der Ereignisse im Land, all dies wurde zerstreut durch eine permanente Konfrontation [Bl. 211] mit der Vergangenheit und den Reisen durch das Land, die mir die Redaktion monatlich für mindestens 10 Tage ermöglichte. Die Leute, über die ich in Reportagen schrieb, hatten – ohne ihr Zutun – die ganze in mir festsitzende idealistische Philosophie zerstäubt. –
Im Januar 1950 veröffentlichte ich meine erste literarische Arbeit: „Sămînţa răului" [Der Samen des Bösen], ein Einakter, der einige Monate später in der Zeitschrift abgedruckt wurde. In jener Zeit begann auch meine Tätigkeit im Literaturkreis „D. Th. Neculuţă", dessen Mitglied ich bis auf den heutigen Tag geblieben bin. –
Im Mai 1950 heiratete ich ERICA BENES, damals Studentin des Theaterinstituts, heute Schauspielerin am Jugendtheater[78]. Im Juni 1950 erhielt ich meinen ersten, zweimonatigen schriftstellerischen Arbeitsurlaub, in dessen Verlauf ich ein Theaterstück in 4 Akten schrieb, in dem es um die Problematik der mitwohnenden Nationalitäten ging. Das Stück wurde wegen großer Mängel nicht angenommen. –
Ich gab mir Rechenschaft, dass ich im Hinblick auf das Beherrschen des literarischen Handwerks noch viel zu lernen habe und dass ich meine literarische Handfertigkeit verbessern könnte, wenn ich mich vor allem auf das Schreiben kurzer Stücke konzentrieren würde. Ausgehend von dieser notwendigen Erkenntnis schrieb ich vom September bis zum Sommer 1951 etliche kurze Bühnenstücke: „Azi ţara ta e casa ta" [Heute ist das Land dein Zuhause] „Sonde de explorare" [Bohrtürme] aus dem Leben der Erdölarbeiter, „Nu-s focurile" [Keine Feuer], „Era să devin un duşman" [Fast zum Feind geworden], „Zile de vară" [Sommertage], „Livada cu merele de aur" [Der Obstgarten mit den Goldäpfeln] aus dem Leben der Dörfer. Das beachtenswerteste von all diesen Stücken war „Printre zidurile cenuşii" [Zwischen grauem Gemäuer], das in Heft

Mitarbeitern („Karl Fischer", „Tatiana", „Emilian" u.a.) unterwandert. Zu den Redakteuren und Redakteurinnen der VuK gehörten u.a.: Gerhardt Eike Hügel, Nora Iuga, Corina Jiva, Ruth Lissai, Dieter Mehl, Charlotte Millitz, Brigitte Stephani. Ab 1986 sind die ungarischsprachigen und deutschsprachigen Beiträge als Beilage in der rumänischen Zeitschrift Cîntarea României abgedruckt worden. Ein Neustart der Volk und Kultur nach 1990 war zum Scheitern verurteilt.

78 Rum. Teatrul Tineretului.

Nr. 3 des „Caietul Literar M.A.I." [Literarisches Heft des Innenministeriums] erschienen ist und in dem es um die Lebensbedingungen in Doftana[79] ging. –
Nach fast zwei Jahren verließ ich im Juni 1951 die Redaktion. Obwohl ich ein recht angespanntes Verhältnis zur Redaktionsleitung hatte – wegen des ziemlich aggressiven Tones des Gen. IAVAI den Mitarbeitern gegenüber –, habe ich trotzdem sehr angenehme Erinnerungen an diese Zeit, denn ich fühlte mich in einen gesunden Boden verpflanzt, in dem ich Wurzeln schlug. –
Ich verließ die Redaktion, da mir bewusst wurde, dass ich mich künstlerisch entwickelt hatte und dass die Zeit gekommen war, nicht nur nichtssagende „literarische Kleinarbeit", wie man in der Redaktion zu sagen pflegte, zu verfassen. – [Bl. 212]
Ich erhielt einen Vertrag für meine erste große Arbeit, das Drehbuch für den Film „Au înflorit livezile" [Die Obstgärten erblühten], an dem ich vom September 1951 bis zum Januar 1952 arbeitete und das 1953 verfilmt wird. –
Leider hatte ich im Laufe einer Dokumentationsreise einen ziemlich schweren Unfall – eine Gehirnblutung, die eine unheilbare Krankheit verursachte, die *epileptischen Anfällen ähnelt. Von Zeit zu Zeit falle ich in eine Art Halbschlaf, dann kann ich mich wohl fortbewegen und sprechen, weiß aber nicht, was mit mir geschieht.*[80] –
Im Februar d. J. erhielt ich vom Bukarester Filmstudio den Auftrag, in kürzester Zeit ein zweites Drehbuch zu schreiben, das bereits im Juni verfilmt werden soll. Nach einem zweimonatigen Aufenthalt in Sinaia, wo ich die erste Fassung fertigstellte, kam ich zurück, um die geforderten Nachbesserungen einzufügen, damit die Filmproduktion pünktlich beginnen kann. –
Das wäre der von mir in den letzten Jahren zurückgelegte Weg sowie die wichtigsten Arbeiten (hinzu kommen noch zahlreiche Übersetzungen, Stilisierungen, literarische Referate usw.) –
Die oben angeführten Angaben belegen deutlich die Prozesse, die in der verflossenen Zeit zur Erweiterung meines Bewusstseins beigetragen haben. *Ich könnte mir kei-*

79 Doftana war eines der berüchtigten politischen Gefängnisse aus der Zwischenkriegszeit. Hier waren zahlreiche Mitglieder der verbotenen Kommunistischen Partei eingekerkert, darunter auch der spätere Parteichef Nicolae Ceaușescu. In der Parteihagiografie wurde das Gefängnis als eine „Universität" der verfolgten KP-Kader mystifiziert und verherrlicht.

80 Der kursiv hervorgehobene Teil wurde in der Abschrift mit einem Bleistift unterstrichen. Das gilt auch für die folgenden kenntlich gemachten Teile dieses Textes.

nen Menschen vorstellen, der etwas schreibt, woran er nicht glaubt. –
Selbstverständlich gibt es noch einige Dinge, die mir noch nicht ganz klar geworden sind, so wie es einige Vorfälle in unserem Alltag gibt, mit denen ich nicht einverstanden sein kann. *Ich glaube, der Preis für einige Erfolge ist zu hoch und fordert einen zu großen Einsatz an Menschen.* –
Meine kulturelle Ausrichtung ist eine humanistische. Ich wurde im Geiste der allgemeinen Menschenliebe erzogen – ohne einen Unterschied zwischen Mensch und Mensch zu machen. Mir ist bewusst, dass diese Anschauung im Sinne der Diktatur des Proletariats falsch und verlogen ist. Ich fühle sie aber, sie lebt in mir als Zustand und es wäre sinnlos, dieses Gefühl vor mir und vor meinem Volk zu verbergen. –

Bukarest, 17. IV. 1952 (gez.) Ivan Denes
[Bl. 213]

ACNSAS, I 211772, vol. 1, ff. 211–213

[26. Mai 1952. Familienbeziehungen]

Familienbeziehungen[81]

Meine Ehefrau, ERICA DENES, geborene BENES, ist die Tochter des Schriftsetzers Haim Benes, heute Bestarbeiter in der „Gutenberg"-Genossenschaft. –
Sie wurde am 23. Juli 1928 geboren. –
Nach ihrem Gymnasialabschluss – zuerst besuchte sie das jüdische und danach das französische Gymnasium in Bukarest – studierte sie vier Jahre lang Schauspielkunst. Im Frühjahr 1951 absolvierte sie das Theaterinstitut „Ion Luca Caragiale". Im Herbst wurde sie als Schauspielerin im Bukarester Jugendtheater angestellt. –
Meine Frau ist beruflich sehr begabt. Ihre Lehrer und die Regisseure, mit denen sie bisher gearbeitet hat, haben ihr Talent in höchsten Tönen gelobt. –
Als ich sie vor vier Jahren kennengelernt habe, war sie politisch orientierungslos, was

81 Dokument bestehend aus zwei maschinengeschriebenen Seiten.

mit der religiösen Erziehung in ihrem Elternhaus zu tun hatte. Ich habe mich systematisch mit ihrer staatsbürgerlichen Erziehung beschäftigt und sie durch die Brandungen der Zeit begleitet. Heute kann man sie als eine gute Marxistin bezeichnen, die genau weiß, an welcher Stelle ihr Platz ist. An ihrer Arbeitsstelle beteiligt sie sich ziemlich regelmäßig an gemeinnützigen Tätigkeiten. –

Meine Schwester Rita[82], verheiratete Molnar, aus Temeswar ist Bergbau-, Erdöl- und Metallurgie-Ingenieurin. Seit mehr als zwei Jahren arbeitet sie im Institut für Balneologie des Gesundheitsministeriums. Sie ist fortwährend dienstlich unterwegs und an der Auffindung neuer Heilquellen unseres Landes beteiligt. –

Ich hatte nie ein gutes Verhältnis zu ihr, was auf ein gegensätzliches Temperament zurückzuführen ist. In den letzten Jahren habe ich im Laufe ihrer Besuche in Bukarest, die ein bis zwei Tage dauerten, mit ihr niemals ein ernstes Gespräch geführt. Über ihre Tätigkeit oder ihre Anschauungen kann ich keinerlei ausführliche Angaben machen, weil mir diese nicht bekannt sind. – [83] [Bl. 209]

Mein Vater IGNATIE DENES hat sein ganzes Leben im Außenhandel gearbeitet. Über fünfundzwanzig Jahre lang war er in der anonymen Gesellschaft „Balcan Impex" aus Temeswar tätig. Als die Gesellschaft 1948 geschlossen wurde, wurde er sofort nach Bukarest berufen und als Berater der staatlichen Handelsgesellschaft „Prodexport" eingestellt, wo er dann bis zum 1. Januar 1952 tätig war. –

Als Techniker alten Typs verrichtete mein Vater seine Arbeit in den letzten Jahren mit der größtmöglichen Ernsthaftigkeit und trug dank seiner Erfahrungen und breit gefächerten Kenntnisse zu bedeutungsvollen Erfolgen und Leistungen unseres Staates bei. –

Seine Lebensanschauungen waren allerdings veraltet. Er war außerstande, den Sinn der umwälzenden Reformen zu verstehen, die in unserem Land durchgeführt wur-

82 Im Original falsch geschrieben: Ritta.

83 Bezüglich der Beziehungen von Ivan Denes zu seiner Schwester bemerkte der Securitate-Agent „Bunescu Constantin" in einem Bericht, den er am 23. Juni 1958 seinem Führungsoffizier, Oberleutnant Gh. Duțu, übergeben hatte: „Ivan hat eine sehr schlechte Meinung von seiner Schwester. Mir ist klar, dass er sie wegen ihrer beruflichen Erfolge beneidet. Er will keinen ihrer verbuchten Erfolge anerkennen und ist der Meinung, ihren Aufstieg habe sie nur ihrer Dreistigkeit zu verdanken. Rita ihrerseits ist Ivan gegenüber auch irgendwie neidisch, denn dieser ist tatsächlich ein hochintelligenter und außergewöhnlich gebildeter Mensch. Rita mag ihn trotzdem, obwohl sie seine literarischen Werke als nicht besonders gelungen bewertet. Dennoch besucht sie alle Vorführungen der Dokumentarfilme, deren Drehbücher Ivan verfasst hat" (ACNSAS, I 211772, vol. 1, Bl. 25f., hier: Bl. 26).

den, deshalb fühlt er sich auch mit dem Regime seelisch nicht verbunden. So erklärt sich auch sein 1951 gestellter Ausreiseantrag nach Israel. Dieser Tatsache ist wahrscheinlich auch seine Entlassung aus dem Dienst am 1. Januar 1952 zuzuschreiben. Heute lebt er vom Verkauf von Kleidern, Möbeln, Teppichen, Schmuck, die sich noch in seinem Besitz befinden und die er wöchentlich auf dem Flohmarkt veräußert, sowie von dem Geld, das er von meiner Schwester und von mir bekommt. –

Meine Mutter ELISABETA DENES ist eine sehr einfache Frau, die sich um die Hauswirtschaft und um uns kümmert. –

Damit, liebe Genossen, hoffe ich, dürften die persönlichen und autobiografischen Mitteilungen weitgehend erschöpft sein. –

Den anderen Forderungen kann ich leider nicht nachkommen, denn das wäre, wie man mir mitgeteilt hat, gleichbedeutend mit dem Anlegen einer Personalakte eines permanenten Mitarbeiters. Dies, wie man mir ebenfalls sagte, würde eine systematische Tätigkeit voraussetzen, verbunden mit fortwährend geplanten Aufträgen.

Diese Art der Tätigkeit ist unvereinbar mit meiner schöpferischen literarischen Tätigkeit. Wären diese beiden Arten der Tätigkeit anpassungsfähig, dann hätte ich längst einen meiner Ausbildung entsprechenden Dienst angenommen. –

Ich werde Ihnen dennoch, gemäß meiner Verpflichtungserklärung, in den kommenden Wochen jegliche Fälle aus dem Alltagsleben, auch solche, die von geringerem Interesse sind, zur Kenntnis bringen. –

Demnächst erhalten Sie Auskünfte von mir. –

26. Mai 1952 Mit kameradschaftlichen Grüßen,
I. Denes
[Bl. 210]

ACNSAS, I 211772, vol. 1, Bl. 209–210

William Totok (geb. 1951) in Groß-Komlosch/Comloşu Mare (Rumänien); Studium der Germanistik und Rumänistik in Temeswar; Gründungsmitglied der „Aktionsgruppe Banat" (1972–1975); politische Haft wegen „Verbreitung staatsfeindlicher Gedichte" (1975–1976); lebt seit 1987 als freischaffender Schriftsteller und Publizist in Berlin. Er ist seit 1992 Mitglied des Redaktionsbeirates der *Halbjahresschrift*, seit 1994 Mitglied der Redaktion.

Zusammenfassung

Ambivalente Lebensläufe. Securitate-Offiziere zwischen Verklärung und Sachlichkeit (4)

Die Erfolge und die Effizienz der rumänischen Securitate lassen sich unter anderem dadurch erklären, dass sie über ein umfangreiches Netz von Inoffiziellen Mitarbeitern verfügte. In dieser Studie werden zwei Personen vorgestellt, die die Arbeit der politischen Polizei unterstützten. Beide waren Intellektuelle und effizient bei der Sammlung und Präsentation ihrer Daten. Heinz Stănescu arbeitete mit der Securitate zusammen, selbst nachdem er aus den Reihen der aktiven Offiziere ausgeschlossen worden war. Ivan Denes kollaborierte sowohl in der Inlands- als auch in der Auslandsspionage, im Westen. Diese Studie zeigt die biografischen Ähnlichkeiten auf, die für eine bestimmte Kategorie von Kollaborateuren typisch sind.

Abstract

Ambivalent CVs. Securitate Officers between Romanticisation and Objectivity (4)

The successes and efficiency of the Romanian Securitate are among other things explained by the fact that it had an extensive network of unofficial collaborators. This study presents two persons who supported the activity of the political police. Both were intellectuals and very efficient in collecting and presenting data. Heinz Stănescu collaborated with the Securitate even after being expelled from the ranks of active officers. Ivan Denes collaborated both as an internal agent and then as an external agent, placed in the West. This study reveals their biographical similarities, typical for a certain category of collaborators.

Keywords: Securitate, communism, Romania, secret service files, CNSAS

Bernd Florath

Informationen der DDR-Staatssicherheit über die Lage in der ČSSR 1968 (II)

30. August 1968
Einzelinformation Nr. 954/68 über Absichten Westdeutscher katholischer Revanchisten-Organisationen im Zusammenhang mit den Ereignissen in der ČSSR

Quelle: BStU, MfS, ZAIG 1552, Bl. 1–2 (4. Expl.).
Serie: Informationen.
Verteiler: Verner, Barth (über HA XX/4) – MfS: Schröder/HA XX/4, Ablage.
Datum: Zusätzlicher Datumsstempel vom 30.8.1968.

Dem MfS wurde bekannt, dass der Leiter der „Königsteiner Anstalten" in Königstein/Taunus, Westdeutschland, Weihbischof Adolf *Kindermann*,[1] am 24.8.1968 ein persönliches Schreiben an alle sudetendeutschen Priester in Westdeutschland mit der Bitte sandte, durch Fürbitte und Gebet das tschechoslowakische Volk gegen die „Besatzungsmächte" zu unterstützen.

Kindermann, der 1946 aus der ČSSR ausgewiesen wurde,[2] ist Gründer und Leiter der „Königsteiner Anstalten", außerdem seit Juli 1966 Weihbischof des westdeutschen „Flüchtlingsbischofs". Die „Königsteiner Anstalten" sind das revanchistische und antikommunistische Zentrum der katholischen Kirche in Westdeutschland, von dem aus die Arbeit der katholischen landsmannschaftlichen Zusammenschlüsse koordiniert und angeleitet wird. In ihnen erfolgt außerdem die Betreuung des Umsiedler-Klerus bzw. die Ausbildung des Priesternachwuchses unter dem Aspekt einer späteren Verwendung in den sozialistischen Ländern.

---

1 Adolf Kindermann, 1899–1974, katholischer Priester, 1966–1974 Weihbischof in Hildesheim.

2 Kindermann, der aus Nordböhmen stammte und ab 1937 als Professor an der Prager Universität Kirchenrecht lehrte, war 1945/46 Seelsorger in Internierungslagern in Prag.

Die klerikal-revanchistischen Kreise der katholischen Kirche in Westdeutschland planen, den vom 4. bis 8.9.1968 in Essen stattfindenden Katholikentag dazu zu benutzen, eine antikommunistische Welle gegen die fünf Warschauer Vertragsstaaten auszulösen. Unter anderem soll am 7.9.1968 die sogenannte „Begegnung der Heimatvertriebenen" in einem solchen Umfang stattfinden, wie er zu den letzten Katholikentagen vermieden wurde. So werden sich treffen:

die sudetendeutschen Katholiken,
die südostdeutschen Katholiken,
die Katholiken der Grafschaft Glatz,
der Grafschaft Schneidemühl,
des Bistums Breslau,
der Diözese Ermland,
der Diözese Danzig,
der Diözese Brainz,
der Diözese Kattowitz u. a.

Diese Revanchistenverbände werden Verlautbarungen bzw. Stellungnahmen zu den Ereignissen in der ČSSR abgeben.

12. September 1968
Einzelinformation Nr. 1022/68 über Reaktionen in der Westberliner SPD auf die Vorgänge in der ČSSR

Quelle: BStU, MfS, HV A 135, Bl. 225–228 (9. Expl.).
Serie: Informationen.
Verteiler: Ulbricht, Honecker, Verner, Axen, Lamberz, Kohrt, KGB Karlshorst – MfS: Ablage.
Datum: Zusätzlicher Datumsstempel vom 16.9.1968.

Die Vorgänge in der ČSSR nach dem 21.8.1968 haben in der Westberliner SPD zu unterschiedlichen Reaktionen geführt. Die oppositionellen Kräfte um den ehemaligen

Charlottenburger Kreisvorsitzenden *Ristock*[3] werfen dem Senat und dem Landesvorstand vor, untätig gegen die Maßnahmen vom 21.8.1968 geblieben zu sein. Sie fordern eine politische Mobilisierung der Bevölkerung zur Unterstützung der revisionistischen Kräfte in der ČSSR.

Die rechten Kräfte vertreten die Auffassung, es sei in dieser Situation unverantwortlich gewesen, die politische Atmosphäre in Westberlin anzuheizen. Es komme viel mehr darauf an, die Westberliner Bevölkerung zur Ruhe und zum Nachgehen ihrer gewohnten Geschäfte zu ermahnen. Führende Funktionäre des Landesvorstandes brachten zum Ausdruck, die Maßnahmen der Warschauer Vertragsstaaten vom 21.8.1968 hätten die Position Westberlins weiter geschwächt. Das Ansehen der USA in der Westberliner Bevölkerung sei gesunken. Wie in vielen westeuropäischen Ländern werde es auch in Westberlin zu einer Stärkung der politischen Rechten kommen. Man müsse mit einer Stärkung der CDU und der NPD rechnen. Früher habe die SPD besonders in Krisenzeiten in Westberlin einen starken Vertrauenszuwachs erhalten, weil sie einig war. Diese Einigkeit müsse unter allen Umständen wieder hergestellt werden. Insgesamt komme es darauf an, die Zugehörigkeit Westberlins zur Bundesrepublik zu festigen und auf eine Verstärkung der NATO hinzuarbeiten.

Die rechten Kräfte innerhalb der Westberliner SPD betrachten die Vorgänge in der ČSSR realistisch. Sie akzeptieren – zumindest machtpolitisch – die Erklärung der Sowjetunion und ihrer Verbündeten. Sie räumen ein, dass die Sowjetunion nicht zulassen konnte, dass sich antikommunistische Kräfte in der ČSSR organisieren. Mit dem Zugriff auf die Massenkommunikationsmittel hätten diese Kräfte eine antisowjetische Position aufgerichtet. Durch die Abkehr der KSČ[4] vom Leninismus und die Aufgabe ihrer führenden Rolle hätte die Sowjetunion auf längere Sicht mit einem Ausscheiden der ČSSR aus dem Warschauer Pakt rechnen müssen. Sie hätte davon ausgehen müssen, dass die ČSSR im Falle eines Konfliktes ihre nationalen Interessen denen des Warschauer Vertrages überordnen wurde.

---

3 Harry Ristock, 1928-1992, SPD-Politiker, 1954–63 Landesvorsitzender der Sozialistischen Arbeiterjugend SAJ – Die Falken in Westberlin, 1965–71 Bezirksstadtrat für Volksbildung in Berlin-Charlottenburg.

4 KSČ – Komunistická strana Československa (Kommunistische Partei der Tschechoslowakei [KPTsch]).

Gleichzeitig vertreten diese Kreise die Meinung, dass durch die Stationierung der sowjetischen Truppen in der ČSSR das militärische Gleichgewicht in Europa verändert worden sei. Deshalb wäre es notwendig, in stärkerem Umfange als bisher amerikanische Truppen in Westeuropa zu stationieren. Das eröffne auch die Möglichkeit, die Bundeswehr zu verstärken. Nur wenn mehr amerikanische Truppen in Europa wären, hätten die übrigen westeuropäischen Staaten keine Bedenken gegen die zahlenmäßige Verstärkung der Bundeswehr.

Der Bundesregierung werde nichts anderes übrig bleiben, als ihre bisherige Ostpolitik fortzusetzen, weil jede Verhärtung des westdeutschen Standpunktes gegenüber Moskau und Ostberlin einen verstärkten Druck auf Westberlin nach sich ziehen müsse. Andererseits betrachte die Sowjetunion die Entspannungs-Politik der Bundesregierung als eine permanente Bedrohung ihres Machtsystems. Deshalb werde auch die Fortsetzung dieser Politik eine weitere Verschlechterung der Beziehungen zur Sowjetunion zur Folge haben.

Der stellv. SPD-Landesvorsitzende *Jaroschowitz*[5] äußerte, Westberlin sei ein Teil der Bundesrepublik Deutschland mit besonderen Rechten der Siegermächte. Es müsse endlich eine gemeinsame Plattform zum Status Westberlins gefunden werden. Es habe sich herausgestellt, dass Konzessionen an den Osten keinen Sinn hätten. Die Zielstellung, Westberlin zu einer Drehscheibe des Ost-West-Handels zu machen, sei tot. In Westberlin sollten verstärkt Veranstaltungen der Landsmannschaften und ·der Vertriebenenverbände abgehalten werden. Alle Schritte in Richtung auf eine „selbständige politische Einheit Westberlin" müssten entschlossen abgewiesen werden.

Für Sozialdemokraten dürfe es keine Gemeinsamkeiten mit Kommunisten geben. Man müsse zwar das Eingreifen der Warschauer Vertragsstaaten in die Entwicklung der ČSSR verurteilen, aber man dürfe sich dabei nicht mit den tschechischen Kommunisten solidarisieren. *Jaroschowitz* und der Landessekretär *Hesse*[6] wandten sich scharf gegen die Tätigkeit der innerparteilichen und der außerparlamentarischen Oppositi-

5 Walter Jaroschowitz, 1924–1978, SPD-Politiker, 1968–1971 Landesgeschäftsführer der SPD in Westberlin.
6 Eberhard Hesse, 1911–1986, SPD-Politiker, 1961–1971 Landesgeschäftsfuhrer der SPD in Westberlin.

on. Es wurden organisatorische Maßnahmen angekündigt, die eine Unterwanderung der SPD durch oppositionelle Kräfte verhindern sollen. Leitende Funktionäre des SPD-Kreisverbandes Spandau haben Brandt[7] vorgeworfen, dass er mit seiner Entspannungspolitik zu weit gegangen sei und die SPD in eine gefährliche Lage gebracht habe. Diese Haltung sei in der Tendenz auch in anderen Kreisen festzustellen. Das Klima in der Partei entwickele sich unverkennbar in die Richtung des kalten Krieges.

Der Senatspressechef *Herz*[8] erklärte, die Vorgänge in der ČSSR hätten die schleichende Abwanderung aus Westberlin verstärkt. Die Industrieunternehmen seien mit ihren Dispositionen im Hinblick auf die Investitionspolitik in Westberlin wesentlich zurückhaltender geworden. In Westdeutschland habe er eine völlige Interessenlosigkeit gegenüber Westberlin feststellen können.

Die oppositionellen Kräfte innerhalb der Westberliner SPD seien zum gegenwärtigen Zeitpunkt nicht in der Lage, eine an den Tatsachen orientierte Einschätzung zu den Vorgängen in der ČSSR zu geben. Sie hatten die Entwicklung zwischen dem Januar-Plenum und dem 21.8.1968 für eine Hoffnung für die oppositionelle Sozialdemokratie gehalten. Sie vertreten die Auffassung, die Entwicklung in der ČSSR habe bewiesen, dass die Hoffnung der Menschheit auf einen von Moskau und Washington unabhängigen Sozialismus gerichtet ist. *Ristock* erklärte, die Entwicklung in der ČSSR habe gezeigt, dass die Politik der oppositionellen Sozialdemokraten gegenüber den kommunistischen Parteien richtig war. Die Pläne der Reformer um *Dubček*[9] und Černík[10] seien als Alternative zur Politik der KPdSU vorhanden, auch wenn sie heute nicht durchgesetzt werden könnten. Die SPD dürfe Leute wie *Dubček* und Černík nicht ablehnen, sondern müsse sie unterstützen. Die Bundesregierung hätte die Position *Dubčeks* festigen können, wenn sie klar und deutlich vom Münchner Abkommen abgerückt wäre.

---

7 Willy Brandt, 1913–1992, SPD-Politiker, 1964–1987 Parteivorsitzender, 1967–1969 Vizekanzler und Außenminister, 1969–1974 Bundeskanzler, 1976–1992 Präsident der Sozialistischen Internationalen.

8 Hanns-Peter Herz, 1927–2012, SPD-Politiker, 1966–1973 Senatssprecher in Westberlin.

9 Alexander Dubček, 1921-1992, slowakischer kommunistischer Politiker, 1963–68 Erster Sekretär der KP der Slowakei, Januar 1968–April 1969 Erster Sekretär der KSČ, 1970 Parteiausschluss, 1989–92 Parlamentspräsident der ČSSR/ČSFR.

10 Oldřich Černík, 1921–1994, tschechischer kommunistischer Politiker, April 1968–1970 Ministerpräsident der ČSSR, 1970 Ausschluss aus der KSČ.

International sei Moskau durch die Entwicklung in der ČSSR auf lange Zeit gebunden. Daher sei Westberlin von dieser Seite her nicht gefährdet.

Im Gegensatz zu *Ristock* vertrat der Westberliner Bundestagsabgeordnete Franz *Neumann*[11] die Auffassung, dass Westberlin verloren sei. Die Haltung der USA zu den Vorgängen in der ČSSR zeige, dass auch im Falle einer Annexion Westberlins durch die DDR und die Sowjetunion nicht mit Gegenmaßnahmen der USA zu rechnen sei.

Die Information darf im Interesse der Sicherheit der Quellen nicht publizistisch ausgewertet werden.

8. Oktober 1968
Einzelinformation Nr. 1109/68 über einige Probleme der Lage in der ČSSR

Quelle: BStU, MfS, ZAIG 1592, Bl. 1–8 (6. Expl.).
Serie: Informationen.
Verteiler: Kein Nachweis für externe Verteilung – MfS: Ablage.
Vermerk: „nicht rausgegangen".
Bemerkungen: Nicht realisierter externer Verteilervorschlag (im Dokumentenkopf): Ulbricht, Honecker, Stoph, Axen, KGB Karlshorst.

Von zuverlässigen Quellen wurden dem MfS weitere Angaben zur Lage in der ČSSR bekannt.

In internen Gesprächen wurde von einem ČSSR-Bürger, der Verbindung zum ehemaligen Innenminister Pavel,[12] zu Vertretern des Verteidigungsministeriums sowie zu verantwortlichen Mitarbeitern der Presse, des Rundfunks und des Fernsehens der ČSSR

11 Franz Neumann, 1904–1974, SPD-Politiker, 1946–1958 Landesvorsitzender der SPD in Berlin, 1949-1969 MdB.

12 Josef Pavel, 1908–1973, tschechischer kommunistischer Politiker, 1951 verhaftet und zu 25 Jahren Haft verurteilt, 1955 entlassen, 1955–1968 Mitarbeiter im Zentralkomitee des tschechoslowakischen Verbandes für Sport und Körperkultur, 8.4.–31.8.1968 Innenminister der ČSSR, nach der Okkupation abgesetzt, aus der KSČ ausgeschlossen und vom tschechoslowakischen Staatssicherheitsdienst Státní bezpečnost (StB) überwacht.

hat, geäußert, dass sowohl im Verteidigungs- als auch im Innenministerium der ČSSR ein detaillierter Plan für die gesamte Propagandatätigkeit für den Fall einer Besetzung der ČSSR durch Westdeutschland oder die NATO existiert habe. In diesem Plan seien bis in alle Einzelheiten Ausweichmöglichkeiten für Sendestationen, Redaktionen, Druckereien usw. sowie Transportmöglichkeiten und Benachrichtigungsschemen für die wichtigsten Mitarbeiter festgelegt gewesen. Wenige Stunden nach dem Einmarsch der Truppen der Warschauer-Pakt-Staaten sei dieser Plan in Aktion getreten. Alles habe fast vollständig geklappt.

Die Mitarbeiter der Presse und des Rundfunks hätten wie in diesem Plan vorgesehen ihre Arbeit gemacht. Die wichtigsten Sendestationen und Druckereien hätten sich in speziell dafür eingerichteten Objekten der ČSSR-Armee befunden. Die ČSSR-Armee habe sofort in allen Garnisonen ihre KW-Sender zur Verfügung gestellt. Es sei dabei so verfahren worden, dass zur gleichen Zeit immer mehrere Sender auf einer Frequenz arbeiteten. Auf denselben Frequenzen hätten auch starke westdeutsche Sender, die unmittelbar an der Grenze standen, ausgestrahlt.

In den Nachtstunden seien außerdem Teile der Stromleitungen der Prager Straßenbahn als Sendeantennen benutzt worden. Ferner hätten die eingesetzten Spezialfahrzeuge ständig den Standort gewechselt. So sei es den „Besatzungstruppen" nur schwer möglich gewesen, die Standorte der Sender anzupeilen.

Die Arbeit des Gegensenders „Moldau"[13] wäre schlecht und seine Wirkung sehr gering gewesen. Da die Sprecher die tschechische Sprache nur mangelhaft beherrscht hätten, sei sofort festzustellen gewesen, dass es sich nicht um einen ČSSR-Sender handelte. Außerdem arbeite der Sender noch nicht aktuell genug. Er reagiere z. B. oft erst spät auf aktuelle Ereignisse. (Nach einer Darstellung anderer ČSSR-Bürger werde dieser Sender auch heute noch wenig gehört, da man die ČSSR-Bürger, die dort tätig

13 Sender Moldau war eine von der DDR betriebene Rundfunkstation, die vom August 1968 bis zum 13.2.1969 Propagandasendungen im Sinne der Okkupationsmächte in tschechischer und slowakischer Sprache ausstrahlte. – Vgl. Claus Röck: Invasion durch den Äther. Wie die DDR mit dem Geheimsender Radio Moldau (Radio Vltava) den „Prager Frühling" bekämpfte. In: Klaus Arnold, Christoph Classen (Hgg.): Zwischen Pop und Propaganda, Radio in der DDR. Berlin 2004, S. 267–277.

sind, als Verräter bezeichnet, die die nationale Würde der ČSSR verletzen, oder weil hier auch Deutsche arbeiten würden.)

In Gesprächen mit ČSSR-Bürgern sei zum Ausdruck gebracht worden, dass es eine konsequente Realisierung des Moskauer Kommuniqués[14] in der ČSSR nicht geben werde, da z. B. der Begriff „Normalisierung" ein Gummi-Begriff sei und seine Bedeutung immer weiter gefasst werden könne. Einige Mitglieder des ZK der KSČ sowie Minister und vor allem Journalisten versuchten, in Anlehnung an die französische Widerstandsbewegung während der Zeit der faschistischen Okkupation, eine „passive Resistance", vor allem unter den Arbeitern, zu organisieren und zu formieren. Allerdings sei fraglich, ob sich die Arbeiterklasse dazu entschließen und auch durchhalten werde. Deshalb werde gegenwärtig an Richtlinien für eine entsprechende Propaganda gearbeitet. Ein Kernpunkt sei dabei die Frage, wie weit die Losung „Ignorierung der Okkupanten" reicht und wo die „Kollaboration" anfängt. Diese Probleme müssten differenziert herausgearbeitet werden, da vor allem die Minister und andere politische Funktionäre auf hoher Ebene mit den Vertretern der Warschauer-Pakt-Staaten zusammenarbeiten müssen und eine Kompromittierung dieser Funktionäre der ČSSR verhindert werden soll, um eine Aufspaltung der „einheitlichen Resistance-Bewegung" zu vermeiden.

Auf dem Gebiete des Pressewesens, des Rundfunks und des Fernsehens werde versucht, diese Ziele im Rahmen der eng gezogenen Grenzen der neuen Presserichtlinien zu verfolgen. In diesem Zusammenhang wurde die Meinung vertreten, dass es durchaus möglich sei, diese Linie zu verwirklichen, wenn nicht eine größere Welle von Verhaftungen verantwortlicher Funktionäre und Journalisten einsetzt (auch wenn heute nicht mehr eine so starke und einheitliche Volksbewegung wie unmittelbar nach dem Einmarsch der Truppen vorhanden sei.)

Ein Intellektueller, der umfangreiche Verbindungen nach Westdeutschland hat, erklärte, es bestehe die Gefahr, dass es in wenigen Wochen in der ČSSR zu neuen Ausei-

14 Kommuniqué über die sowjetisch-tschechoslowakischen Verhandlungen (27.8.1968). In: Stefan Karner, Natalja Tomilina, Alexander Tschubarjan (Hgg.): Prager Frühling. Das internationale Krisenjahr 1968, Bd. 2: Dokumente. Köln, Weimar, Wien 2008, S. 980–983.

nandersetzungen und zu einem Blutvergießen kommen werde. Die nationalistischen Leidenschaften und der „Russenhass" seien so groß, dass es leicht zu einer Explosion kommen könne.

Zu seinen Westverbindungen erklärte der Intellektuelle, er sei wie andere auch beauftragt worden, solche Verbindungen zu suchen, weil man den Westdeutschen beweisen wolle, dass man zu ihnen gehört und an einer Verbesserung des Verhältnisses zu Westdeutschland interessiert ist. Nach seiner Auffassung müsse die ČSSR unbedingt aus dem „Machtbereich der Russen" ausbrechen und müsse die Intelligenz die Führung im Staat übernehmen. Die Arbeiterklasse sehe ein, dass sie dazu nicht imstande sei. Der Nach-Januar-Kurs werde fortgesetzt. Husáks[15] Reden, in denen „starke Linkstendenzen" zum Ausdruck gekommen seien, seien auf sowjetischen Druck zurückzuführen. Er sei nur beauftragt, „das Spiel mit den Russen mitzumachen". Kolder[16] und Indra[17] hätten keine Resonanz beim Volk. Immer dann, wenn die „Russen" verlangen, dass ein Dubček-Politiker abgelöst wird, nehme man sofort auch einen Linken aus seiner Position.

Ein weiterer ČSSR-Bürger machte während eines Gespräches unsere Quelle auf ein parteiinternes Material der KSČ aufmerksam, in dem „Ausschreitungen" der Angehörigen der sowjetischen Streitkräfte in der ČSSR dargestellt sind. (Offensichtlich hängt das mit dem Bericht des Generalstaatsanwalts der ČSSR zusammen.) Das Material soll dem Zweck dienen, Stimmung gegen sie zu machen und der Bevölkerung gewisse Verhaltensweisen ihnen gegenüber zu empfehlen.

---

15 Gustáv Husák, 1913–1991, slowakischer kommunistischer Politiker, im Zweiten Weltkrieg führend am slowakischen Nationalaufstand beteiligt, 1951 verhaftet, 1954 zu lebenslanger Haft verurteilt, 1960 amnestiert, 1964 rehabilitiert, August 1968 Erster Sekretär des Zentralkomitees der Kommunistischen Partei der Slowakei, April 1969–1987 Erster Sekretär der KSČ, 1975–1989 Staatspräsident.

16 Drahomír Kolder, 1925–1972, tschechischer kommunistischer Politiker, 1961 Mitglied des ZK, 1962 Mitglied des Präsidiums des ZK der KSČ, 1963 Leiter der (sog. Kolder-)Kommission für die Überprüfung der stalinistischen Prozesse, deren Ergebnis in der ČSSR nie veröffentlicht wurden, dafür aber im Exil, hg. v. Jiří Pelikán: Pervertierte Justiz. Bericht der Kommission des ZK der KPTsch über die politischen Morde und Verbrechen in der Tschechoslowakei 1949–1963, hrsg. v. Jiří Pelikán. Wien, München, Zürich 1972; 1968 gehörte Kolder zu den Unterzeichnern des „Einladungsbriefes", 1969–1972 Vorsitzender des Volkskontrollausschusses.

17 Alois Indra, 1921–1990, slowakischer kommunistischer Politiker, 1963–1968 Verkehrsminister der ČSSR, ab April Sekretär des ZK der KSČ, Mitunterzeichner des Einladungsbriefs zur Invasion an den Warschauer Pakt.

Ein westdeutscher Gewerkschaftsfunktionär, der Mitte September im Auftrage der IG Metall Gespräche mit führenden Vertretern der ČSSR-Gewerkschaft ROH[18] führte, berichtete darüber folgendes: Die Vertreter der Internationalen Abteilung der ROH, des Büros des Vorsitzenden der ROH, der Metallgewerkschaft sowie der Redaktionen der Tageszeitung „Prace" und der Monatsschrift „Tschechoslowakische Gewerkschaften", mit denen die Gespräche geführt wurden, bedankten sich zunächst für das „solidarische Verhalten" der westdeutschen Gewerkschaften.

Besonders wurden die politischen Erklärungen des Gewerkschaftstages der IG Metall im Zusammenhang mit den Ereignissen in der ČSSR mit Genugtuung aufgenommen; die Haltung der IG Metall wurde insgesamt begrüßt.

Die Vertreter der ČSSR-Gewerkschaften erklärten, sie glauben weiterhin den durch Beschlüsse und Programme neu konzipierten Weg nach dem Januar – wenn auch bedachter – gehen zu können. Einst beabsichtigte personelle Veränderungen an der Spitze der ROH seien vorläufig nicht denkbar; eine Ablösung Poláčeks[19] werde nicht mehr erwogen.

Nach Auffassung des westdeutschen Gewerkschaftsfunktionärs hätten Diskussionen im Zentralrat der ROH über die Ereignisse nach dem 21.8.1968[20] erkennen lassen, dass die Gewerkschaftsführung im Gegensatz zu Partei und Regierung nicht besonders selbstständig und „progressiv" reagierte. So wurde z. B. der Aufruf zum befristeten Generalstreik nur von Partei und Regierung, nicht aber von den Gewerkschaften unterzeichnet. Poláček soll das mit den Worten begründet haben, man wolle damit die führende Rolle der Partei unterstreichen.

In der Gewerkschaftsbürokratie gebe es noch „konservative Tendenzen" (sowohl

18 ROH (tschechisch: Revoluční odborové hnutí, slowakisch: Revolučné odborové hnutie) – 1946 gegründeter Gewerkschaftsdachverband der ČSSR.

19 Karel Polaček, 1913–1976, tschechischer kommunistischer Politiker, bis 1965 Minister für Maschinenbau, März 1968–1971 Vorsitzender des Zentralrats der Gewerkschaften (ROH).

20 Gemeint ist die militärische Okkupation der ČSSR durch Truppen der UdSSR, Polens, Ungarns, Bulgariens bei logistischer Unterstützung durch die DDR am 21.8.1968.

beim Bund als auch bei einzelnen Industriegewerkschaften). Diese Leute seien nicht unbedingt als Anti-Dubček-Leute zu bezeichnen. Vielmehr sei anzunehmen, dass sie nicht bereit sind, eigene Initiativen zu entwickeln, um durch loyales Verhalten die SU nicht zu provozieren. Dadurch würden gegenwärtig die Gewerkschaften politisch im Hintergrund bleiben.

Alle Beziehungen der ROH zu Gewerkschaften des WGB[21] und des IBFG[22] seien noch blockiert. Die ROH habe selbst vor dem 21.8.1968 getroffene Verabredungen mit den Gewerkschaften Italiens und Frankreichs nicht aufrechterhalten. Die Internationale Abteilung der ROH beabsichtige, Ende Oktober eine zweiköpfige Delegation (wahrscheinlich Málek und Keilberth) in westeuropäische Länder zu entsenden, um Gespräche über mögliche Informationskontakte zu führen. Dabei sollen auch der DGB und einzelne Industriegewerkschaften Westdeutschlands besucht werden.

Nach wie vor sei die ROH an einem Besuch Ludwig Rosenbergs[23] in Prag interessiert. Im Oktober/November werde dieser Besuch aber noch nicht stattfinden können. Evtl. müsse er um einige Wochen verschoben werden.

Die Vertreter der ROH baten darum, die von der IG Metall ausgesprochene Einladung zum Besuch Westdeutschlands schriftlich zu erneuern und der ROH den Besuchstermin freizustellen. Ein Versuch des FDGB, mit der ROH zu zweiseitigen Gesprächen zusammenzukommen, sei zurückgewiesen worden.

Nach Auffassung der Vertreter der ČSSR-Gewerkschaft bestehe für im Ausland weilende ČSSR-Bürger keine Veranlassung, nicht zurückzukehren, da sich in der ČSSR niemand in Haft befinde. Sollten jedoch einige beabsichtigen, nicht in die ČSSR zurückzukommen, dann sollten sie veranlasst werden, nicht in Westdeutschland zu bleiben, sondern nach Österreich, Italien oder Jugoslawien zu gehen und dort Kontakt zu kommunistischen Organisationen aufzunehmen. Der Aufenthalt und die Tätigkeit

21 WGB: Weltgewerkschaftsbund mit Sitz in Prag, prosowjetisch orientiert.

22 IBFG: Internationaler Bund Freier Gewerkschaften mit Sitz in Brüssel, prowestlich orientiert.

23 Ludwig Rosenberg, 1903–1977, Gewerkschaftsfunktionär, 1962–1969 Vorsitzender des DGB.

von ČSSR-Bürgern in Westdeutschland würden die politische Situation in der ČSSR beträchtlich erschweren. Die SU und die anderen „Interventionsmächte" könnten dadurch Bestätigungen für die Tätigkeit konterrevolutionärer Elemente finden. Bei allen Fragen einer evtl. Emigration in Westdeutschland sollten die betreffenden ČSSR-Bürger an die Handelsmission der ČSSR in Frankfurt/Main verwiesen werden.

Die erwähnten führenden Vertreter der ČSSR-Gewerkschaft ROH sowie der Gewerkschaftspresse erklärten in diesem Zusammenhang, sie seien davon überzeugt, dass man die militärische Besetzung der ČSSR bald überwinden könne und die eigenen Überlegungen des Januar-Plenums des ZK der KSČ werde durchsetzen können. Schon für das kommende Jahr erhoffe man sich eine politisch-vertretbare Souveränität der ČSSR sowie ein Schwinden des politischen Drucks der SU. Die ökonomischen Bindungen der ČSSR an die SU und andere sozialistische Staaten würden sich künftig allerdings verstärken.

Ein namentlich nicht genanntes Mitglied des ZK der KSČ habe erklärt, von den 1,7 Millionen Mitgliedern der Partei würden etwa noch 500 000 „konservative politische Vorstellungen" vertreten. Zum Teil seien diese sogar als „Stalinisten" zu bezeichnen. Viele von ihnen würden heute noch bedeutende Funktionen bekleiden (es handele sich z. B. um Beamte, Bürgermeister, Abgeordnete, Gewerkschaftsfunktionäre, Parteisekretäre, Betriebsdirektoren usw.). Es müsse angenommen werden, dass diese große Gruppe ein natürliches Potential für die sowjetischen Überlegungen darstellt. Ihr Einfluss und ihre Privilegien würden ausschließlich durch die sowjetischen Einwirkungen garantiert.

Angeblich habe die SU mehrere hundert dieser KSČ-Mitglieder zu Besuchen in die SU eingeladen. Es sei beabsichtigt, im Verlaufe der nächsten Monate Tausende zu Aufenthalten in der SU einzuladen.

Progressive Mitglieder der KSČ in Prag und anderen Städten schließen sich (faktisch illegal) in Gruppen zusammen. Teilweise haben sie noch nicht den Mut, offen aufzutreten, da sie von der Parteiführung nicht unterstützt werden. Sie befürchten, dass sich der Terror gegen sie richten werde, wenn die befreundeten Truppen das Land verlassen haben. Sie sind der Meinung, dass sie von den befreundeten Ländern stärker unterstützt werden müssten.

Aus weiteren Gesprächen mit ČSSR-Bürgern wurde bekannt, dass in der ČSSR-Bevölkerung der Hass gegen die Sowjetunion – auch gegen die DDR – noch relativ stark sei. Dieser Hass werde von Presse, Rundfunk und Fernsehen, die nach wie vor von feindlichen Kräften beherrscht sind, täglich neu geschürt. Außerdem werde von konterrevolutionären Kräften immer wieder die Losung geschmiert: „Wir sind mit Euch, seid mit uns!" Verstärkt werde der Verkauf von Masaryk[24]-Bildern organisiert. Als Anlass werde dazu der bevorstehende 50. Jahrestag der Bildung der ČSR[25] benutzt.

Die Einreise von Westdeutschen, Österreichern, Jugoslawen, Rumänen und Italienern (besonders jungen männlichen Personen) habe in den letzten Tagen zugenommen.

Diese Information kann unter keinen Umständen publizistisch ausgewertet werden.

14. Oktober 1968
Einzelinformation Nr. 1122/68 über die Einschätzung der IX. Weltjugendfestspiele in Sofia durch westdeutsche Regierungskreise

Quelle: BStU, MfS, HV A 136, Bl. 179–182 (10. Expl.).
Serie: Informationen.
Verteiler: Honecker, Axen, Winzer, Markowski (über HV A/VII), Jahn (FDJ, über HA XX/2), Polen, Ungarn, Bulgarien (über Abt. X), KGB Karlshorst – MfS: Ablage.
Datum: Zusätzlicher Datumsstempel vom 18.10.1968.

In einer internen Einschätzung der IX. Weltjugendfestspiele in Sofia vom 27.7.–

24 Wahrscheinlich gemeint ist Jan Masaryk, 1886–1948, tschechischer Politiker, 1940–1948 Außenminister in der Exilregierung Beneš und der Regierung Gottwald. Nach dem kommunistischen Februarputsch wurde er von sowjetischen Agenten ermordet. Eventuell ist auch dessen Vater, Tomáš Garrigue Masaryk, 1850–1937, erster Staatspräsident der ČSR von 1918–1935, gemeint.

25 Die unabhängige tschechoslowakische Republik wurde am 28.10.1918 in Prag proklamiert.

6.8.1968[26] stellten westdeutsche Regierungskreise einleitend fest, dass sich das politische Programm der Festspiele in erster Linie mit der Solidarität mit Vietnam, daneben vor allem mit den unterdrückten Völkern der dritten Welt, dem Kampf gegen Faschismus und Neonazismus und mit der europäischen Sicherheit beschäftigt habe. Ausschließlich gegen die westdeutsche Bundesrepublik sei eine Großveranstaltung „Neonazismus in der Bundesrepublik" gerichtet gewesen, an der etwa 2 000 Personen teilnahmen. Dieses Treffen sei auf Betreiben der DDR erst kurz vor Beginn der Festspiele in das Programm aufgenommen worden.[27] Auch in der Kommission „europäische Sicherheit" sei die Bundesrepublik scharf angegriffen worden.

Nach westdeutscher Darstellung hätten sich kritische Beobachter des Festivals die Frage gestellt, ob die Weltjugendfestspiele in ihrer überkommenen Form der programmierten Veranstaltungen und Diskussionen nicht überlebt seien.

Vielfach sei von Teilnehmern die Verbindung politischer Veranstaltungen mit Massenfesten der Folklore kritisiert und ein versachlichter Rahmen für die politische Diskussion gefordert worden. Es lasse sich noch nicht übersehen, ob und inwieweit sich diese Forderungen in Zukunft durchsetzen werden.

Sofia habe gezeigt, dass die liberalen Entwicklungstendenzen im Kommunismus gerade in der Jugend verbreitet seien. Zu dieser Erkenntnis sei die Mehrzahl der aufmerksamen Beobachter aus dem Westen gekommen. Auch die Teilnehmer aus dem sozialistischen Lager dürften seit Sofia nach westdeutscher Einschätzung manchen Zweifel an dem Weltbild hegen, das ihnen Propaganda und Erziehung bisher vermittelt hätten. Das Phänomen, dass die ultralinken, anarchistischen, fidelistischen[28] und maoistischen Gruppen der Jugend der sozialistischen Länder einen Opakom-

26 An den IX. Weltfestspielen der Jugend und Studenten in Sofia nahm u. a. eine offizielle Delegation des Deutschen Bundesjugendrings teil, an der sich auch der Sozialistische Deutsche Studentenbund (SDS) beteiligte. Die bulgarischen Behörden gingen z. T. mit Gewalt gegen Teilnehmer vor, die öffentlich ihre Sympathie für den Prager Frühling bekundeten oder wie SDS-Vorständler Karl Dietrich Wolff den Protest gegen den Vietnamkrieg direkt vor die US-Botschaft trugen.

27 Zu der Veranstaltung waren Sprecher des SDS nicht zugelassen worden, wogegen sie mit Sprechchören protestierten. Ihre „Vivat Dubček"-Rufe wurde durch die der ČSSR-Delegation „Rudi Dutschke" verstärkt.

28 Gemeint sind Anhänger des kubanischen Revolutionsführers und Politikers Fidel Castro, 1926/27-2016.

munismus mit reaktionären Zügen vorwarfen und sie auf die Bank des Angeklagten zusammen mit Kapitalisten und Imperialisten zu drängen suchten, müsse einen besonderen Schock verursacht haben. Darüber könnte auch die Tatsache nicht hinwegtäuschen, dass die IX. Weltjugendfestspiele dank einer straffen Regie und nicht zuletzt auf Grund des Einsatzes zahlloser Geheimpolizisten in Zivil im Großen und Ganzen programmgemäß verliefen.

Bei der Einschätzung der westdeutschen Beteiligung an den IX. Weltjugendfestspielen wurde von westdeutschen Regierungskreisen hervorgehoben, dass es dem (West-)Deutschen Bundesjugendring (DBJR) in Verhandlungen mit dem Organisationskomitee in Sofia gelungen sei, unabhängig von der Gruppe „Arbeitskreis Festival", Offenbach, zusammen mit den Jungsozialisten der SPD eine eigene Delegation von etwa 220 Personen nach Sofia zu entsenden. In ihr waren zehn Jugendorganisationen vertreten.

Obwohl der DBJR vor den Festspielen von den Veranstaltern mehrere Zusicherungen erhalten hätte, die seine gleichberechtigte und reibungslose Teilnahme garantieren sollten, habe sich bald gezeigt, dass die optimistischen Erwartungen des DBJR nicht der Sofioter Wirklichkeit entsprachen.

Bereits vor den Festspielen sei durch Äußerungen bulgarischer und sowjetischer Jugendfunktionäre deutlich geworden, dass man mit reaktionärer und ultralinker Beeinflussung des Festivals rechnete.

Kommunistische Funktionäre hätten zu einer besonders sorgfältigen Auswahl und Vorbereitung des eigenen Teilnehmerkreises aufgefordert. Kurz vor Beginn der Festspiele häuften sich Vorwürfe gegen die reaktionären Kreise, so sei eine Beeinflussung der westdeutschen Teilnehmer durch CIA und westdeutsche Nachrichtendienste konstruiert worden. Auf Grund eines Protesttelegramms des DBJR habe sich das bulgarische Festivalkomitee von solchen Behauptungen distanziert. Unmut bei den Veranstaltern dürften nicht zuletzt auch die bereits vor dem Festival hergestellten Kontakte zwischen dem DBJR und Jugendvertretern aus Rumänien, Jugoslawien und der Tschechoslowakei verursacht haben. Der DBJR habe nicht ohne Erfolg versucht, eine gemeinsame Marschroute für einige Diskussionsveranstaltungen festzulegen. Auch Anschlusseinladungen des DBJR an 80 Jugendvertreter aus der Dritten Welt in die westdeutsche Bundesrepublik seien nicht dazu angetan gewesen, das Misstrauen der Organisatoren zu vermindern.

Insgesamt hätten die aus der westdeutschen Bundesrepublik kommenden Gruppen ein Bild der Vielschichtigkeit geboten, mit allen Vorzügen und Nachteilen, die sich daraus ergeben. Dies sei bereits bei der Eröffnungszeremonie zu beobachten gewesen. Im Verlauf der Festspiele seien die Gegensätze bei Zusammenstößen mit bulgarischen Sicherheitsorganen und in Form von Verfahrenskritik, Denunziationen und Intrigen noch deutlicher geworden. Die Offenbacher Gruppe sei während der Festspiele in einander befehdende Teile zerfallen.

Nach westdeutscher Einschätzung dürfte es auf jeden Fall wertvoll gewesen sein, dass angesichts der Lockerungserscheinungen in Osteuropa während der Festspiele das Feld nicht nur der FDJ und linksgerichteten Jugendverbänden überlassen wurde. Der DBJR habe trotz aller Behinderungen während der Festspiele genügend Gelegenheit zu Einzelgesprächen und Treffen mit anderen Gruppen gehabt. Diese Begegnungen hätten in erster Linie seine Teilnahme gerechtfertigt. Weit unangenehmer als die Schwierigkeiten mit den westdeutschen Delegationen dürfte für die Organisatoren das eigenwillige Verhalten der jugoslawischen, rumänischen und besonders der tschechoslowakischen Teilnehmer gewesen sein. Nachdem es bereits bei der Anreise von tschechoslowakischen Jugendlichen an der Grenze zu peinlichen Zwischenfällen gekommen sei, habe die Delegation der ČSSR während der Festspiele durch ihre lautstarke Unterstützung der Dubček-Politik Aufsehen erregt. Die tschechoslowakische Delegation habe sich so viele Beschränkungen gefallen lassen müssen, dass sie gegen die Behinderungen der Meinungsfreiheit auf dem Festival wiederholt protestierte. Die Jugoslawen hätten wegen der Praktiken der Festspielleitung sogar erwogen, Sofia vorzeitig zu verlassen. Sie hätten von einer undemokratischen Atmosphäre und einer Manipulation der Geschäftsordnung gesprochen.

Im Interesse der Sicherheit der Quelle ist eine öffentliche Auswertung dieser Information nicht möglich.

28. Oktober 1968
Einzelinformation Nr. 1177/68 über geplante Demonstrationen negativer Kräfte in der ČSSR am 28. Oktober 1968

Quelle: BStU, MfS, ZAIG 1602, Bl. 1–5 (7. Expl.).
Serie: Informationen.
Verteiler: Kein Nachweis für externe Verteilung – MfS: Ablage.
Vermerk: „nicht rausgegangen".
Bemerkungen: Nicht realisierter externer Verteilervorschlag (im Dokumentenkopf): Ulbricht Honecker, Stoph, Axen, Winzer, KGB Karlshorst.

Nach mehreren noch nicht restlos überprüften, aber weitgehend übereinstimmenden Angaben aus inoffiziellen Quellen wurde dem MfS bekannt, dass seitens feindlicher und negativer Kräfte der ČSSR für den 28.10.1968 (50. Jahrestag der Gründung der ČSR) in Prag und anderen größeren Städten und Ortschaften der ČSSR bestimmte Voraussetzungen für antisozialistische Demonstrationen und Aktionen getroffen wurden.

Einerseits wird davon gesprochen, dass sog. stille Demonstrationen stattfinden sollen, andererseits jedoch heißt es, dass auch mit Unruhen bzw. mit einem Blutvergießen gerechnet werde. Es gibt in diesem Zusammenhang Hinweise, dass die reaktionären Kräfte es unter Umständen darauf angelegt haben, Zusammenstöße zu provozieren, um „den Hass des Volkes der ČSSR gegen die UdSSR noch mehr zu verstärken".

Als Organisatoren dieser geplanten Demonstrationen in Prag werden vorrangig Studenten der philosophischen, mathematischen und technischen Fakultät der Prager Universität, aber auch Vertreter der medizinischen Fakultät und der medizinischen Intelligenz genannt.

Prag
Es wird von geplanten Demonstrationen auf dem Altstädter Ring und dem Wenzelsplatz berichtet. Nach diesen Angaben sei u. a. als Protest gegen die „Besetzung" der ČSSR vorgesehen:

Tragen schwarzer Kleidung,
Mitführen der Staatsflagge, die mit schwarzen Bändern versehen ist,
Mitführen von Trauerfahnen,
Mitführen von Masaryk-Bildern,
Demonstration auch nach Lány zum Grab Masaryks[29] (Einladungen dazu seien bereits verteilt worden).

Nach Äußerungen eines Prager Journalisten hätten die Studenten Prags bei ihren geplanten Aktionen am 28.10. auch junge Arbeiter hinter sich. Zu den Studentengruppen, die entschlossen seien, öffentlich aufzutreten, unterhielten die Prager Redakteure Kontakte. Ferner sei vorgesehen, dass bei der Festvorstellung am 28.10. im Prager Nationaltheater alle Besucher als Zeichen des Protestes schwarze Krawatten tragen.

Weiter gibt es Hinweise, dass Prager Studenten aufgefordert wurden, am 28.10. die Stadt nicht zu verlassen, und dass Hunderte von Studenten, die außerhalb Prags studieren, in die Hauptstadt kommen wollen (von ihnen seien sehr viele Hotelzimmer ab 26.10. bestellt worden).

In diesem Zusammenhang gibt es auch Hinweise über die Absicht Prager Studenten, bestimmte Manifestationen bestimmter progressiver Kräfte zur Unterstützung der Politik der Sowjetunion „zerschlagen" zu wollen.

Wie nach weiteren unüberprüften Hinweisen bekannt wurde, sollen Mitglieder eines uns bisher nicht bekannten „Aktual-Klubs", einer anarchistischen Studentengruppierung, ein Attentat auf den sowjetischen Botschafter in Prag vorbereiten, um, wie berichtet wurde, „das Volk aus der Lethargie zu erwecken". Das Attentat soll angeblich bei einer Ausfahrt des Boschafters aus dem Botschaftsgebäude verübt werden.

Eine antisowjetische Veranstaltung sei auch in Ricany bei Prag vorgesehen. Sie sei vom „Klub der engagierten Parteilosen" vorbereitet worden.

29 Tomáš Garrigue Masaryk, 1850–1937, tschechischer Politiker, 1918–1935 erster Staatspräsident der ČSR.

Brno
Unter den Studenten seien Flugblätter verteilt worden, die zu einer sog. stillen Demonstration am 28.10. aufrufen. Am Vorabend des 28.10. sollen auf der Svoboda-, Masaryk- und Beneš-Straße Feuer angezündet werden. Am 28.10. selbst sollen vormittags die Glocken und Sirenen ertönen, um die Bürger zur Teilnahme an der Demonstration aufzufordern. An der Kleidung sollen schwarze Bänder getragen werden.

Bratislava
Studenten beabsichtigen eine Protestdemonstration. Sie wollen auf die Straßen gehen, um die Aufmerksamkeit der Bürger auf sich zu lenken und sie zu bewegen, sich ihrem Protest anzuschließen. Es würden Transparente und Flugblätter vorbereitet.

Valašské Meziříčí
Studenten wollen einen Umzug durch die Stadt durchführen und dabei abgebrochene Kerzen, die mit einem schwarzen Band versehen sind, mitführen sowie die Moskauer „Prawda" verbrennen.

Žilina – Gora
Studenten der Verkehrshochschule hätten gefordert, dass man ihnen Gewehre geben sollte, um gegen die Soldaten der Sowjetarmee kämpfen zu können. Es gibt Hinweise, dass hier die Situation unter den Studenten sehr gespannt sei.

Libeň
Studenten beabsichtigen, Versammlungen alter und progressiver Kommunisten, die positiv zur Sowjetunion stehen, zu zerschlagen.

Auch in *Uherské Hradiště* seien – nicht näher bekannt gewordene – antisowjetische Aktionen der Studenten vorbereitet worden.

Nach einer weiteren Information wurden in verschiedenen Gegenden der ČSSR in den letzten Tagen Fahrzeuge mit schwarzen Fahnen festgestellt.

Wie dem MfS im Zusammenhang mit diesen Vorgängen bekannt wurde, sind von den zuständigen Organen Vorschläge unterbreitet worden, mäßigend auf die feindlichen und negativen Studentenkreise einzuwirken, um provokatorischen Handlungen und Aktionen vorzubeugen.

Im Interesse der Sicherheit der Quellen darf die Information nicht publizistisch ausgewertet werden.

6. November 1968
Einzelinformation Nr. 1233/68 über Vorstellungen progressiver Kräfte der ČSSR zur Unterstützung des Differenzierungsprozesses in der ČSSR und zum ideologischen Kampf gegen die revisionistische Mehrheit in der ČSSR-Führung

Quelle: BStU, MfS, ZAIG 1608, Bl. 1–10 (7. Expl.).
Serie: Informationen.
Verteiler: Kein Nachweis für externe Verteilung – MfS: Beater, Ablage.
Vermerk: „nicht rausgegangen".
Bemerkungen: Nicht realisierter externer Verteilervorschlag (im Dokumentenkopf): Ulbricht Honecker, Stoph, Axen, KGB Karlshorst (?).

Dem MfS wurden durch zuverlässige Quellen Angaben über einige Probleme der Entwicklung in der ČSSR bekannt. Es handelt sich dabei besonders um Gedanken und Vorstellungen verantwortlicher Mitarbeiter der Politischen Verwaltung der tschechoslowakischen Volksarmee zur Unterstützung progressiver Kräfte in der ČSSR sowie um Hinweise auf ihr geplantes Vorgehen in der nächsten Zeit.

Die erwähnten Mitarbeiter der Politischen Verwaltung erklären, dass sie zu einer Gruppe von etwa 16 Kommunisten gehören, die Verbindungen zur Regierung der ČSSR, zum ZK der KSČ, zu führenden Kreisen der Volksmiliz und zu höheren Offizieren (Generale, Oberste) verschiedener Bereiche der ČSSR-Armee und auch des Innenministeriums besitzen und nach ihren eigenen Aussagen versuchen wollen, eine Änderung der Lage in der ČSSR herbeiführen zu helfen.

Nach verschiedenen Hinweisen und Andeutungen sollen zu dieser Gruppe vorwiegend hohe Offiziere der ČSSR-Armee gehören, so z. B. General *Babka*[30] (ehemaliger Leiter der Auslandsabteilung der Politischen Verwaltung), dessen Nachfolger Oberst Širůček,[31] möglicherweise auch General Čepička[32] (Leiter der Politischen Verwaltung), aber auch die Gattin des Genossen Jozef *Lenárt*.[33] Die Gruppe arbeite konspirativ. Sie treffe sich regelmäßig zu Beratungen über ihre Tätigkeit. Die Genossen *Indra* und *Biľak*[34] seien davon informiert.

Nach eigenen Angaben bestehe das Ziel der Tätigkeit dieser Gruppe darin, den „Sturz der *Dubček*-Clique" sowie die Wahl solcher ZK-Mitglieder zu erreichen, die fest auf dem Boden des Marxismus-Leninismus stehen, sich vom proletarischen Internationalismus leiten lassen und die Leninschen Prinzipien in der Partei durchsetzen.

Um dieses Ziel zu erreichen, sei man zunächst bemüht, unter der Losung „Die Kommunisten wahren das Vermächtnis von *Gottwald*"[35] positive Kräfte in den bewaffneten Organen (besonders in der Armee) zu sammeln und in die Tätigkeit der Gruppe einzubeziehen.

Im Verlaufe von Gesprächen haben unsere Quellen den Eindruck gewonnen, dass diese Kräfte den ehrlichen Willen haben, auch unter Einbeziehung marxistisch-leninistischer Kräfte aus anderen Bereichen des gesellschaftlichen Lebens einer progres-

---

30 Rudolf Babka, Generalmajor, Chef der Verwaltung für auswärtige Kontakte des Generalstabes der ČSLA, am 14.6.1968 aus seiner Funktion entlassen.

31 Josef Širůček, Generalmajor, Leiter der Kaderverwaltung der ČSLA, am 6.5.1968 von seiner Funktion entbunden.

32 Alexej Čepička, 1910–1990, tschechischer kommunistischer Politiker, Schwiegersohn Klement Gottwalds, 1947 Textilminister, 1948–1950 Justizminister, 1950–1956 Verteidigungsminister der ČSSR, nach dem XX. Parteitag der KPdSU (1956) abgesetzt, 1963 aus der KSČ ausgeschlossen. Čepička war 1968 politisch isoliert und ohne jede Bedeutung. Gemeint ist hier wohl eher J. Čepický, Generalmajor im Stab von Dzúr.

33 Jozef Lenárt, 1923–2004, slowakischer kommunistischer Politiker, 1963–April 1968 Ministerpräsident der ČSSR, beteiligte sich am 21.8.1968 zusammen mit Kolder, Biľak und Indra an dem Versuch, Präsident Svoboda zu überzeugen, eine Quisling-Regierung einzusetzen. 1970 wieder Mitglied des Exekutivkomitees der KSČ und zugleich als Erster Sekretär der Kommunistischen Partei der Slowakei (KSS) Nachfolger Husáks in der Slowakei.

34 Vasil' Biľak, 1917–2014, slowakischer kommunistischer Politiker, 1962–1968 Sekretär, Januar – August 1968 Generalsekretär der Kommunistischen Partei der Slowakei (KSS), November 1968–1988 Sekretär des ZK der KSČ, Mitunterzeichner des Einladungsbriefs zur Invasion an den Warschauer Pakt.

35 Klement Gottwald, 1896–1953, tschechischer kommunistischer Politiker, 1929–1948 Vorsitzender der KSČ, 1946–1948 Ministerpräsident und 1948–1953 Staatspräsident der ČSR.

siven Politik in der ČSSR zum Durchbruch zu verhelfen. Dennoch kann unsererseits noch nicht konkret beurteilt werden, über welche Möglichkeiten sie verfügen, um ihre Vorstellungen – die durchaus zu beachten sind – zu realisieren. (Offenbar gibt es zwischen ihren Plänen und ihren Möglichkeiten noch gewisse Widersprüche. Das zeigt sich u. a. darin, dass bestimmte Vorhaben dieser Gruppe in jüngster Zeit, z. B. anlässlich des 50. Jahrestages der Bildung der ČSR am 28. Oktober, wahrscheinlich nicht voll zum Tragen gekommen sind.)

Die gegenwärtige Lage in der ČSSR-Armee wird von den Mitgliedern der Gruppe wie folgt eingeschätzt: Die Politische Verwaltung der Armee sei hauptsächlich dafür verantwortlich, dass die Kommandeure der ČSSR-Armee kein gutes Verhältnis zur Sowjetarmee haben. Sie hätten Angst vor den Offizieren der Polit-Abteilungen der Truppenteile. Diese Polit-Abteilungen hätten nach dem 21.8.1968 in den Druckereien Aufrufe an die Offiziere der ČSSR-Armee gefertigt, keinen Kontakt zu den Kommandeuren der fünf verbündeten Armeen aufzunehmen; außerdem hätten sie offen die Verbündeten als „Okkupanten" bezeichnet, sodass sie heute große Schwierigkeiten hätten, die Lage in der Armee zu normalisieren. (Trotzdem hätten viele Truppenkommandeure Kontakt zu sowjetischen Kommandeuren aufgenommen.)

Eine negative Rolle bei der Propagandaarbeit spiele vor allem der Leiter der Propagandaabteilung der Politischen Verwaltung, Oberstleutnant Václav *Smrkovský*[36] (Cousin des Vorsitzenden der Nationalversammlung)[37].

Das Verteidigungsministerium habe eine Analyse des politisch-moralischen Zustandes der Armee erarbeitet. In diesem Material werde die Aktion der Warschauer-Vertrags-Staaten als „Okkupation" bezeichnet, wodurch die Ehre der ČSSR-Armee verletzt worden sei. Die Analyse soll an die Polit-Abteilungen der Truppenteile und Kommandeure gesandt werden mit dem Auftrag, sie durch eigene Einschätzungen zu ergänzen und somit zu bestätigen.

36 Václav Smrkovský, Jg. 1924, Offizier, Leiter der ideologischen Abteilung der politischen Verwaltung des Verteidigungsministeriums der ČSSR.

37 Gemeint ist Josef Smrkovský.

Die Gruppe schätzt den Zustand des Parteiapparates der tschechoslowakischen Volksarmee als nicht gut ein. Auf allen Ebenen gebe es zwar progressive Genossen, diese hätten aber Angst, offen aufzutreten, weil sie wüssten, dass der Gegner noch in der Lage sei, positive Kräfte (z. B. Offiziere) zu beseitigen.

In diesem Zusammenhang wurde mitgeteilt, dass noch heute zwei illegale Sender (der ČSSR-Armee) sendebereit seien, obwohl seit langem angewiesen worden sei, alle Spuren zu verwischen, aus denen ersichtlich werden könnte, dass Armee-Sender für die Konterrevolution tätig waren. Dabei handele es sich um Sender – in Vojenski utvar – Jinovice, im Betrieb für Walter-Elektro-Maschinen in der Nähe von Prag-Smichov und – bei Avia Letnanin im militärischen Forschungsinstitut.

Zur bisherigen Tätigkeit der erwähnten Gruppe progressiver Kommunisten wurde folgendes berichtet: Sie erarbeitete Analysen der Entwicklung nach dem Januar in allen Bezirken der ČSSR. Außerdem organisiere sie Aktivtagungen marxistisch-leninistischer Kräfte der KSČ, auf denen die Lage eingeschätzt wird und Resolutionen angenommen werden, in denen konkrete Fragen an die Parteiführung gerichtet sind, die Dubček auf dem nächsten ZK-Plenum beantworten soll. In diesen Resolutionen wird die Erfüllung der Festlegungen von Čierna nad Tisou,[38] Bratislava[39] und Moskau[40] gefordert.

Erfahrene Kommunisten würden in diese Aktivtagungen entsandt, die u. a. bereits in Prag, Ostrava, Kladno, Setin,[41] Nový Jičín usw. stattgefunden hätten.

---

38 Vom 29.7.–1.8.1968 verhandelten Mitglieder des Präsidiums der KSČ und des Politbüros der KPdSU in Čierna nad Tisou. Die KPdSU wollte eine Beendigung der Reformen des Prager Frühlings durchsetzen, die KSČ wollte die Einmischung Moskaus beenden und ihre Befürchtungen ausräumen, sie könne die Liberalisierung nicht mehr steuern. Man einigte sich auf ein weiteres Treffen, das am 3.8.1968 in Bratislava stattfand. Obwohl die Verhandlungen auf dem Gebiet der ČSSR stattfanden, war die Delegation der KSČ faktisch von der Kommunikation mit den eigenen Einrichtungen abgeschnitten. Der blieben Inhalt und Ergebnis der Gespräche bis zu ihrer Rückkehr nach Prag unbekannt.

39 In Bratislava fanden am 3.8.1968 die Gespräche der fünf Warschauer-Pakt-Staaten mit den Vertretern der ČSSR statt.

40 Kommuniqué über die sowjetisch-tschechoslowakischen Verhandlungen (27.8.1968). In: Karner u. a.: Prager Frühling. Das internationale Krisenjahr 1968, S. 980–983.

41 Ein Ort dieses Namens ist unbekannt. Evtl. ist Děčín gemeint.

In Nový Jičín sei von einer Aktivtagung ein Aufruf an alle Kreissekretäre der KSČ erlassen worden, den Kampf gegen den revisionistischen Kurs der Parteiführung aufzunehmen. Dubček sei aufgefordert worden, Selbstkritik zu üben und wahrheitsgemäß vor dem ZK-Plenum über die Ereignisse zu berichten, die zum 21.8.1968 geführt haben.

Zu den weiteren Plänen der Gruppe wurde uns folgendes mitgeteilt: In Prag soll eine weitere große Aktivtagung progressiver Kräfte der KSČ vorbereitet werden, zu der Rundfunk und Fernsehen eingeladen werden sollen.

An progressive Kräfte des ZK der KSČ und an das nächste ZK-Plenum wolle man ein Schreiben richten, in dem über die Bewegung im Lande informiert werden soll. Vor allem soll mitgeteilt werden, dass es in der ČSSR viele gute Genossen gibt, die bereit sind, den progressiven Kräften des ZK der KSČ zu helfen (besonders bei der Durchsetzung der Verwirklichung der Festlegungen von Čierna nad Tisou, Bratislava und Moskau). In diesem Zusammenhang sollen mit ZK-Mitgliedern, die am nächsten Plenum teilnehmen, entsprechende Gespräche geführt werden.

Außerdem bereite die Gruppe ein Schreiben an Dubček vor, das noch vor dem Plenum in 100 000 Exemplaren verbreitet werden soll. Alle Grundorganisationen sollen dieses Schreiben, das in tschechischer und slowakischer Sprache abgefasst werde, zugeschickt bekommen. Das Original, handgeschrieben und mit Unterschriften von Genossen aus der gesamten ČSSR versehen, soll Dubček erhalten. Dubček soll aufgefordert werden, auf alle Fragen, die das Schreiben enthalten soll, zu antworten. (Über den Inhalt dieses Schreibens wurde noch nichts Konkretes bekannt. In anderen Informationen war sogar von der Vorbereitung eines Gesprächs mit Dubček über konkrete Fragen, denen er nicht ausweichen könne, die Rede.)

Ferner wolle sich die Gruppe an Dubček wenden mit der Aufforderung, eine Versammlung der alten Kommunisten und Partisanen sowie eine Versammlung der Volksmiliz einzuberufen, auf denen über innerparteiliche Probleme gesprochen werden soll. Die Gruppe wolle durch derartige Schreiben und Forderungen den Druck auf Dubček ständig weiter erhöhen, um zu erreichen, dass dem Volk die Wahrheit gesagt werde.

Von den Mitgliedern der Gruppe wird eingeschätzt, dass der Schwerpunkt der Massenbeeinflussung zzt. im Raum Pilsen liegen müsse, und zwar im Wesentlichen aus zwei Gründen: Einerseits sei Pilsen früher eine Hochburg des Sozialdemokratismus und des Nazismus gewesen. Andererseits sei hier die Arbeiterklasse stark konzentriert, sodass die Möglichkeiten einer politischen Beeinflussung günstig seien. Die weiteren und nächsten Schwerpunkte würden im Raum von Brno, Košice[42] und Prešov liegen.

In Vorbereitung des 51. Jahrestages der Großen Sozialistischen Oktoberrevolution wolle die Gruppe in allen Ortschaften und Betrieben die Entsendung von Grußbotschaften an die Botschaft der UdSSR in Prag organisieren. In Großbetrieben wolle sie erreichen, dass rote Fahnen und progressive Losungen angebracht werden.

> Die Genossen der Gruppe beabsichtigen, selbst Losungen zu drucken, wie:
> „Kommunismus ja – Revisionismus nein";
> „Feste Freundschaft mit den sozialistischen Ländern ist Garantie des Friedens";
> „Für Autorität der Partei, gegen Autorität von Personen";
> „Für die Entwicklung der sozialistischen Ökonomie";
> „Ruhm der Arbeiterklasse der ČSSR – Proletarier aller Länder, vereinigt Euch".

Die Gruppe wolle den Menschen beweisen, dass es in der ČSSR gute und ehrliche Genossen gibt. Sie wolle ferner nachweisen, dass die Truppen der befreundeten Länder keine Okkupanten sind.

Über die weiteren Pläne zur Organisierung der progressiven Kräfte der ČSSR und zur Aufklärung der Bevölkerung über die tatsächliche Situation im Lande erklärten die Genossen der Gruppe folgendes: Sie seien zwar in der Lage, zeitweilig Sender zu besetzen; sie seien aber der Gefahr ausgesetzt, vor Gericht gestellt zu werden. Also hätten sie unter den gegebenen Bedingungen keine Möglichkeit, legal Sendungen zu organisieren oder öffentlich aufzutreten.

---

42 Im Dokument „Kosice": Wahrscheinlich ist jedoch nicht das tschechische 350-Seelen-Dorf Kosice, sondern die slowakische Stadt Košice (dt. Kaschau) gemeint.

Trotzdem habe die Gruppe einen Plan entworfen, wie mittels vorhandener und aufzubauender Sender systematisch und planvoll die Bevölkerung über die Lage informiert und wie vor allem die gesamte Bevölkerung der ČSSR erfasst werden könnte. Folgende Vorstellungen habe man entwickelt:

Der Sender „Vltava"[43] sollte das gesamte Gebiet Böhmens erfassen.

Die Sender Katowice und Gliwice[44] könnten, wenn die polnischen Genossen einverstanden sind, dass sie mit einbezogen werden, das Gebiet von Mähren erfassen.

Ein Sender der ungarischen Genossen an der ungarisch-slowakischen Grenze bei Ostrihan[45] könnte das Gebiet der West-, Süd- und Nordslowakei erfassen.

Ein Sender der sowjetischen Genossen in Užhorod könnte das gesamte Gebiet der Ostslowakei erfassen.

Der Moskauer Rundfunk sollte seine Sendezeiten so ändern, dass die ČSSR-Bevölkerung seine Sendungen verfolgen kann.[46]

Durch einheitliche, gut vorbereitete Sendungen, in denen auch schnell auf aktuelle Ereignisse reagiert wird, könnte man über dieses Sendesystem wirksam die falschen Auffassungen zerschlagen. Vor allem sollte dabei auf Ereignisse in den Betrieben, auf Stimmungen der Arbeiter usw. eingegangen werden. Die Sendungen dieser Stationen sollten zentral zusammengefasst und auf Stafetten-Basis von „Vltava" über Gliwi-

43 Radio „Vltava" war ein Propagandasender der DDR, der auf Anweisung des SED-Politbüros ab dem 21.8.1968 in Ostberlin produziert und zuerst aus Dresden in tschechischer Sprache in die ČSSR sendete. Vgl. Claus Röck: Invasion durch den Äther. Die Rundfunkpropaganda der DDR gegen die politische Reformbewegung in der ČSSR von 1968 („Prager Frühling"). Struktur, Funktion und Resonanz des Geheimsenders Radio Vltava. Diss., Leipzig 2004.

44 Ähnlich wie die DDR mit Radio „Vltava" sendete auch Polen mit dem Sender „Žare" in tschechischer Sprache in die ČSSR.

45 Es handelt sich um die Stadt Gran (ung. Esztergom, sk. Ostrihom).

46 Der Moskauer Rundfunk sendete bis zum 21.8.1968 zwei Stunden täglich in tschechischer bzw. slowakischer Sprache, mit Beginn der Okkupation dehnte der dieses Programm auf 24 Stunden aus.

ce bis Užhorod gebracht werden. Darüber hinaus sollten sie ein eigenes Programm ausstrahlen, und zwar immer dann, wenn die meisten Werktätigen zu Hause sind.

Ferner sei notwendig, gut tschechisch und slowakisch sprechende Ansager zu haben, die bei den Menschen in der ČSSR ankommen. Dazu sollten evtl. ČSSR-Bürger, die in den befreundeten Ländern tätig sind, gewonnen werden.[47] (Die Genossen der Gruppe meinten, sie seien bereit, diesen Plan bei einer zentralen Stelle der UdSSR oder der DDR vorzutragen, damit schnell darüber entschieden werden könnte.)

Nach ihrer Auffassung dürfte man keine Zeit verlieren, um den Kampf gegen Dubček, Smrkovský und andere – besonders den ideologischen Kampf – schnellstens zu beginnen. Wenn nicht bald etwas geschehe, würden die besten Kommunisten der ČSSR im Schatten der Panzer der befreundeten Armeen gelyncht werden.

Die weitere Entwicklung in der ČSSR schätzt die Gruppe wie folgt ein: Die Kommission, die die Materialien für das nächste ZK-Plenum ausarbeite, werde keine marxistisch-leninistische Analyse der Entwicklung seit dem Januar-Plenum vornehmen, da andernfalls Dubčeks Autorität sinken würde. Davor habe Dubček Angst. Er fühle sich wohl in dem Kult, der um ihn gemacht wird. Außerdem sei er selbstherrlich und empfindlich. Die Parteiarbeit könne er nicht organisieren. Er rede nur viel und werde von Leuten, die ihn umgeben (wie z. B. Smrkovský) für ihre Ziele ausgenutzt. (In diesem Zusammenhang wurde bekannt, dass es innerhalb der Gruppe Vermutungen gebe, Smrkovský habe in der Nazizeit unter dem Pseudonym „Hajek“ mit der Gestapo zusammengearbeitet.[48] Man berufe sich dabei auf Äußerungen des früheren Gestapo-Chefs von Ostrava, Steindorf.[49])

---

47 Offenbar fanden sich in der DDR keine Muttersprachler, so dass Radio „Vltava“ in der ČSSR schon aufgrund des schlechten Tschechisch als Besatzungssender angesehen wurde.

48 Smrkovský war am Kriegsende Mitglied der Leitung des Prager Aufstandes und hier u. a. an Verhandlungen mit deutschen Instanzen beteiligt, um die Kämpfe in der Stadt zu beenden. Die mit der deutschen Kapitulation verbundene Erlaubnis für die Wehrmacht, sich den US-Truppen in Plzeň zu ergeben, nährte Verdächtigungen durch die UdSSR, die sich in der hier wiedergegebenen Unterstellung spiegeln.

49 Anton Steindorf, 1897–1947, bis 1945 Chef der Gestapo in Ostrava. Dort nach dem Kriege zum Tode verurteilt und am 22.4.1947 hingerichtet.

Gegenwärtig werde in den Parteiorganisationen kaum Parteiarbeit geleistet.

Es wird behauptet, *Mlynář*[50] und andere ZK-Mitglieder hätten die Absicht, ihre Funktion niederzulegen. Dubček habe mit den Funktionären vereinbart, dass bis zum nächsten ZK-Plenum[51] keiner seine Funktion niederlegt, da es sonst zu einer Katastrophe kommen würde. Die Zeit bis zum Plenum soll, wie die Gruppe erfahren haben will, dazu genutzt werden, die „nationalen Gefühle" des Volkes stets neu zu entfachen. Insbesondere sollte der SU „bewiesen" werden, dass in der ČSSR alles in Ordnung sei. (Die Gruppe ist der Auffassung, dass Dubček besonders die nationalistisch beeinflussten Menschen hinter sich hat und dass der Nationalismus täglich durch die Massenmedien geschürt wird.) Dubček und Smrkovský seien in der letzten Zeit oft in die Betriebe gegangen; sie wollten um Sympathien der Massen werben.

Zu den Aktivitäten antisozialistischer-revisionistischer Kräfte wurden folgende bekannt: Die Gewerkschaft ROH organisiere anlässlich des 51. Jahrestages der Großen Sozialistischen Oktoberrevolution massenhaft Briefsendungen an die Botschaft der UdSSR in Prag, in denen provokatorische Fragen gestellt werden sollen. In den Betrieben sollen u. a. folgende Losungen angebracht werden: „Sozialismus ja – Okkupation nein!"; „Wir sind ein starkes tschechoslowakisches Volk" usw. Die Gewerkschaft ROH habe ferner alle Gewerkschaftsorganisationen angewiesen, in jedem Betrieb und Geschäft Bilder von Dubček anzubringen. Weiter wurde mitgeteilt, dass die Gewerkschaft ROH in den Betrieben der ČSSR auf geschickte Art und Weise Unterschriftensammlungen für den Abzug der sowjetischen Truppen organisiert. So ruft z. B. ein Betrieb in der Slowakei einen Betrieb in Prag an und erklärt, man habe erfahren, dass in anderen Prager Betrieben Unterschriften gesammelt werden. Der angesprochene Prager Betrieb wolle dann nicht zurückstehen und veranlasse daraufhin ebenfalls eine Unterschriftensammlung. So gehe das wie eine Kettenreaktion weiter von Betrieb zu Betrieb, von Gewerkschaft zu Gewerkschaft.

50 Zdeněk Mlynář, 1930–1997, tschechischer kommunistischer Politiker, Jurist, 1964–1968 Sekretär der Rechtskommission beim ZK der KSČ, Anfang 1968 Mitautor des Aktionsprogramms der KSČ, April–November 1968 Sekretär des ZK. Mlynář trat auf dem Novemberplenum aufgrund der Ergebnisse der Oktober-Verhandlungen in Moskau zurück, die er nicht vertreten konnte. 1970 wurde er aus der KSČ ausgeschlossen, 1977 war er einer der Initiatoren der Charta 77 und wurde ins Exil gezwungen.

51 Das Plenum fand vom 14.–16.11.1968 in Prag statt.

Zur Zusammenarbeit der progressiven Kräfte in der ČSSR mit den befreundeten Ländern äußerten die Mitglieder der Gruppe folgendes: Im Kampf gegen die Konterrevolution sei eine stärkere ideologische Hilfe seitens dieser Länder notwendig, auch im Interesse der Aufgabenstellung, dem Positiven in der KSČ schnell zum Siege zu verhelfen. Es sei aber auch organisatorische und nicht zuletzt finanzielle Hilfe erforderlich. Um ein Zentrum der progressiven Kräfte in der ČSSR bilden zu können (zzt. arbeite noch jede progressive Gruppe in der ČSSR mehr oder weniger auf sich allein gestellt), brauche man die Unterstützung der befreundeten Länder.

Die Genossen der Gruppe erklärten sich bereit, evtl. auch außerhalb der ČSSR mit Verantwortlichen der UdSSR oder der DDR zusammenzutreffen und Fragen ihrer Aktivität in der ČSSR zu beraten. Mit dem sowjetischen Militärattaché in Prag, Genosse *Trusow*,[52] habe man bereits Verbindung aufgenommen. Er sei über die Tätigkeit der Gruppe, ihre Verbindungen usw. konkret informiert.

Aus Gründen der Sicherheit der Quellen kann diese Information nicht publizistisch ausgewertet werden.

52 Nikolaj Michailowitsch Trusow, Jg. 1906, sowjetischer Militär, 1931 Eintritt in der Rote Armee, 1939 Mitarbeiter des sowjetischen Militär-Nachrichtendienstes GRU, 1945–1948 Chef der Kontrollkommission des Oberkommandierenden der Gruppe der Sowjetischen Streitkräfte in Deutschland (GSSD), 1947–1949 Chef der Diversions- und Spionagedienste des sowjetischen Verteidigungsministeriums, 1949–1969 stellv. Chef der GRU und Militärattaché der UdSSR in der ČSSR.

15./16. November 1968
Einzelinformation Nr. 1264/68 über geplante antisozialistische und antisowjetische Aktionen negativer Studentenkreise der ČSSR am 17. November 1968

Quelle: BStU, MfS, ZAIG 1613, Bl. 1–3 (6. Expl.).
Serie: Informationen.
Verteiler: Ulbricht, Honecker, Stoph, Markowski, KGB Karlshorst – MfS: Ablage.

Nach vorliegenden offiziellen und inoffiziellen Meldungen planen reaktionäre Kräfte aus Studentenkreisen Prags, Böhmens und Mährens für den 17.11.1968 antisozialistische, besonders antisowjetische Demonstrationen. Als „Anlass" benutzen diese Kräfte – den internationalen Studententag und – den 29. Jahrestag der Schließung der tschechoslowakischen Universitäten durch die deutsche Besatzungsmacht.[53] Die Demonstrationen sollen unter der demagogischen Losung durchgeführt werden: „Gegen die Besetzung durch fremde Truppen überall in der Welt".

Sowohl offiziell als auch inoffiziell wurde dem MfS weiter bekannt, dass die geplanten Demonstrationen als Reaktion auf die Tagung des ZK der KSČ[54] durchgeführt werden sollen.

Durch zuverlässige interne Angaben wurde dem MfS dazu folgendes bekannt: Zwischen Studentenvertretern u. a. aus Prag, Bratislava und Žilina fanden konkrete Absprachen über die Aktionen am 17. 11. 1968 statt. An der Universität in Prag wurde ein „Zentrum" gebildet, das die Aktionen der negativen Kräfte aller Fakultäten vorbereiten und lenken soll und dem u. a. führende Vertreter des Hochschulbundes bzw. des ehemaligen ČSM[55] angehören.

---

53 Die Karls-Universität Prag wurde am 17.11.1939 von den deutschen Besatzungsbehörden geschlossen, nachdem sie mit der Besetzung des 1938 verbliebenen tschechischen Staates durch die Wehrmacht unter deutsche Verwaltung gestellt worden war und sich im November die Studenten gegen das fremde Regime erhoben hatten.

54 Das Plenum fand vom 14.–16.11.1968 in Prag statt.

55 ČSM - Československý svaz mládeže (Tschechoslowakischer Jugendverband), 1949 gegründete einheitliche Jugendorganisation in der Tschechoslowakei, die von der Kommunistischen Partei der Tschechoslowakei kontrolliert wurde. der Verband löste sich 1968 auf und wurde später als Sozialistischer Jugendverband (SSM – Socialistický svaz mládeže) wiedergegründet.

Weiter wurde bekannt, dass an einer vorbereitenden Beratung negativer Kreise der philosophischen Fakultät der Prager Karls-Universität, die offensichtlich als die treibenden Kräfte angesehen werden müssen, auch Vertreter der Arbeiterjugend verschiedener Prager Betriebe teilnahmen. Es wurde die Absicht geäußert, die Arbeiterjugend Prags für die Unterstützung der Aktionen der Studenten zu gewinnen. Man lobt den guten Kontakt, der zwischen den negativen Studentenkreisen und den Arbeitern in Prager Betrieben bestehe. Es wurde vorgeschlagen, diesen Verbindungen einen stärkeren politischen Inhalt zu geben.

Auf der erwähnten vorbereitenden Beratung an der philosophischen Fakultät wurden folgende Maßnahmen der reaktionären Studentenkreise festgelegt:

1. Sollten die Ergebnisse des Plenums des ZK der KSČ ihren Erwartungen entsprechen, dann werde eine Delegation verschiedener Fakultäten lediglich Kränze am Kobylisy[56] und in Ruzyně[57] niederlegen. Ansonsten werde an den Fakultäten nur eine „Manifestation" durchgeführt. (Näheres darüber wurde bisher nicht bekannt.)
2. Sollte das Plenum „nicht gut" verlaufen, dann sei es notwendig, „kämpferisch auf die Straße zu gehen". Diese Aktion müsste, wie erklärt wurde, Massencharakter tragen. Mindestens 10 000 Personen, möglichst aber 50 000 und mehr, sollten daran teilnehmen. Es sei erforderlich, die Studenten aller Fakultäten und die Schüler aller Schulen Prags und außerhalb Prags dafür zu gewinnen.
3. Sollte das Plenum auch noch am 17.11.1968 andauern, so sei es notwendig, einen Schweigemarsch großen Ausmaßes durch Prag durchzuführen. Damit soll den negativen Kräften des ZK der KSČ, hinter denen man stehe, Unterstützung gegeben werden.

In diesem Zusammenhang wurde auf die Notwendigkeit hingewiesen, alle Studenten ständig über den Verlauf und die Ergebnisse des Plenums zu informieren.

56 Im Dokument „Kobilise": Der im Prager Stadtteil Kobylisy (Kobilis) befindliche Schießplatz (Kobyliská střelnice) wurde von den Nationalsozialisten 1942 für Massenhinrichtungen benutzt.

57 In Prag-Ruzyně wurden am 17.11.1939 neun Führer der aufständischen Studenten der Karls-Universität von der SS erschossen.

Ferner wurde darauf verwiesen, dass bei einem „negativen Ausgang" des Plenums die Arbeiter der Betriebe einen Generalstreik durchführen würden. In einer weiteren internen Information wird – unter Berufung auf westliche Geheimdienstkreise, besonders CIA, in der ČSSR – ebenfalls von der Möglichkeit eines Generalstreiks in der gesamten ČSSR gesprochen. Es müsse sogar mit Opfern an Menschenleben gerechnet werden, um die Weltöffentlichkeit erneut auf die Lage in der ČSSR aufmerksam zu machen und die Sowjetunion unter Druck zu setzen.

Es wurde zum Ausdruck gebracht, dass man keine Rücksicht darauf nehmen wolle, ob die Demonstrationen genehmigt werden. Es wurde die Orientierung gegeben, dass sich die Studenten am 17.11.1968 an den Fakultäten befinden sollten, und zwar vollzählig, um nach Anweisung des genannten „Zentrums" auf jeden Fall einige Aktionen durchzuführen.

Die Information darf im Interesse der Sicherheit der Quelle nicht publizistisch ausgewertet werden.

15./16. November 1968
Einzelinformation Nr. 1271/68 über Auffassungen führender revisionistischer Kreise in der KSČ

Quelle: BStU, MfS, ZAIG 1562, Bl. 9–12 (5. Expl.).
Serie: Informationen.
Verteiler: Ulbricht, Honecker, Stoph, KGB Karlshorst – MfS: Ablage.
Verweis: Ergänzend hierzu Information 1314/68 vom 30.11.1968 „über Auffassungen führender revisionistischer Kreise in der KSČ", in: Bernd Florath (Bearb.): Die DDR im Blick der Stasi 1968. Göttingen 2018; nur in der Online-Version verfügbar: https://www.ddr-im-blick.de/jahrgaenge/jahrgang-1968/report/auffassungen-fuehrender-revisionistischer-kreise-in-der-ksc/ (letzter Zugriff: 12.7.2021).

In dieser Information werden die Auffassungen führender revisionistischer Kreise in der KSČ, die entscheidende Funktionen an der Parteihochschule der KSČ und an der

Militärpolitischen Akademie der ČSSR bekleiden, zu einigen Problemen der gegenwärtigen Lage in der ČSSR ausführlich wiedergegeben.

Von diesen revisionistischen Kreisen wurde u. a. auf eine in der vorigen Woche stattgefundene Sitzung des Präsidiums des ZK der KSČ zur Vorbereitung der gegenwärtig stattfindenden ZK-Tagung hingewiesen. Auf dieser Sitzung sei der Bericht Dubčeks für die ZK-Tagung von Präsidiumsmitgliedern heftig angegriffen worden, wobei besonders Černík und Biľak hervorgetreten seien. Nach Auffassung der Revisionisten würde sich Černík „immer mehr als der mögliche Mann der Sowjets erweisen". Er sei von den Revisionisten abgeschwenkt und stehe mit Biľak, Indra und anderen in einer Reihe.

Weitere führende Vertreter der KSČ werden von den Revisionisten wie folgt „eingeschätzt": Dubček habe sich als „unfähig für die Leitung politischer Prozesse erwiesen". Er hat sich von den eindeutig antisowjetischen Kräften auf den Schild heben lassen und vertritt gegenwärtig die „unentschlossene Mitte". Aufgrund der politischen Unfähigkeit Dubčeks würden „die Sowjets in die Lage versetzt, die Normalisierung voranzutreiben". Die Führer der Revisionisten haben mit Dubček „auf den falschen Mann gesetzt". Nach dem 21.8. sei Dubček von tschechischen Journalisten das Leben gerettet worden. Als Dank dafür würde er diese Leute, ebenso wie die ideologischen Führer der Revisionisten, opfern.

Unter den führenden revisionistischen Kreisen gebe es die einheitliche Meinung, dass Dubček der ČSSR nur dann einen Dienst erwiesen hätte, wenn er nach dem 21. August eine „Lumumba[58]-Position eingenommen" hätte. Er hätte „entweder Selbstmord begehen oder seine Erschießung durch die Russen provozieren müssen". In diesem Falle wäre es zu Massenaktionen und Massenerschießungen gekommen. Das Volk sei zu Opfern bereit gewesen, aber Dubček habe versagt.

---

58 Patrice Lumumba, 1925–1961, kongolesischer Politiker, 1961 erster Premierminister des unabhängigen Kongo, 1961 von Söldnern des Separatistenführers Moïse Kapenda Tschombé unter belgischem Kommando auf Weisungen sowohl der CIA wie des britischen MI6 ermordet.

Präsident Svoboda[59] sei „zu alt und zu weich“ und die Revisionisten sind nicht mit ihm einverstanden. Svoboda unterliege dem Einfluss seiner Tochter (wissenschaftliche Mitarbeiterin am Institut für internationale Politik) und seines Schwiegersohnes (UNO-Vertreter und das Ziel verfolgend, Außenminister zu werden). Auf Svoboda würde über dessen Ehefrau ein gewisser Einfluss von den Revisionisten ausgeübt.

Der ehemalige Außenminister Jiří Hájek[60] wird von den Revisionisten als ein möglicher Kandidat für die von ihnen angestrebte „neue Führung“ angesehen.

Mit Husák müsse ebenfalls gerechnet werden. Von ihm nehmen die Revisionisten an, dass er „den Russen zu Munde redet, die KP Slowakei stark macht und auf der Welle des Nationalismus den Kampf gegen die Sowjets führen“ werde. Nach ihrer Meinung werde der „konservative Flügel“, der etwa 5 bis 10 % der Mitgliedschaft der KSČ ausmache, von sowjetischer Seite gesteuert. Die revisionistischen Kräfte in der KSČ seien zzt. „durcheinander, weil sie sich auf die Führung verlassen haben“. Sie würden jetzt darauf orientieren, errungene Positionen zu retten und besonders diejenigen ihrer Leute abzuschirmen, die noch nicht als Führungskräfte hervorgetreten sind. Das sei notwendig, weil bereits „Listen über intellektuelle Führer“ der Revisionisten existieren würden.

Die zukünftigen Führer der Revisionisten würden z. T. im westlichen Ausland bleiben und „durch eine große Solidarität abgeschirmt“. Unter diesen Bedingungen sei es ihnen möglich, „als Tschechen im Ausland zu leben und zu gegebener Zeit die Führung im Lande zu übernehmen“. Die sich z. Zt. im Ausland aufhaltenden Kräfte würden sich bemühen, nicht als Emigranten in Erscheinung zu treten und damit jede Diskriminierung zu vermeiden.

59 Ludvík Svoboda, 1895-1979, tschechischer Militär, 1968–1975 Staatspräsident der ČSSR.

60 Jiří Hájek, 1913–1993, tschechischer Politiker, vor 1939 Mitglied der Sozialdemokratischen Partei der ČSR (ČSSD), mit der Vereinigung 1948 in die KSČ, 1953 Professor für Internationale Beziehungen an der Karls-Universität, 1962–1965 Ständiger Vertreter der ČSSR bei der UNO, 1965 bis April 1968 Erziehungsminister, 8.4.–19.9.1968 Außenminister, 1970 Ausschluss aus der KSČ, 1977 Mitinitiator und Sprecher der Charta 77.

In der Hauptsache gehe es jedoch darum, möglichst viele revisionistische Kräfte im Lande zu halten, „ihre Stellung zu legalisieren" und sie „nach Möglichkeit in der staatlichen Administration unterzubringen", weil nur derjenige „der Sache nützen" könne, der eine entsprechende Stellung habe.

Zu den angekündigten Studentendemonstrationen am 17.11. wurde von den genannten revisionistischen Kreisen angeführt, dass die Demonstrationen trotz der erfolgten Warnungen stattfinden würden. Selbst die Lehrgangsteilnehmer der Parteihochschule würden sich daran beteiligen. Die Revisionisten möchten „Krawalle" und damit ein „hartes Eingreifen der Sowjets vermeiden." Wenn es aber „am 17.11. hart wird", dann müssten „die Massenopfer zur endgültigen Entlarvung der Sowjets führen". Von den Revisionisten werde damit gerechnet, dass die tschechoslowakischen Sicherheitsorgane am 17.11. schießen werden.

In diesem Zusammenhang wurde angeführt, dass die Möglichkeiten für die Revisionisten, „sich an die Öffentlichkeit zu wenden, aufgrund des sowjetischen Eingreifens immer geringer" würden. Die „einzige Möglichkeit" dafür bestehe nur noch über westliche Länder.

Diese Information ist nur zur persönlichen Kenntnisnahme bestimmt, da äußerste Quellengefährdung besteht.

18. November 1968
Einzelinformation Nr. 1279/68 über die Lage in der studentischen Jugend Prags am 17./18. November 1968

Quelle: BStU, MfS, ZAIG 1613, Bl. 4–11 (7. Expl.).
Serie: Informationen.
Verteiler: Ulbricht, Honecker, Stoph, Axen/Markowski, KGB Karlshorst – MfS: Beater, Ablage.
Datum: Zusätzlicher Datumseintrag vom 18.11.1968.
Anlage 1: Schreiben der Studenten der Ökonomischen Hochschule Prag.
Anlage 2: Aufruf und Resolution der Ökonomischen Hochschule und Resolution der Hochschule für Journalistik.

Im Zusammenhang mit der Ankündigung negativer Studentenkreise Prags, anlässlich des jüngsten Plenums des ZK der KSČ antisozialistische bzw. antisowjetische Aktionen durchzuführen, wurde dem MfS zuverlässig bekannt:

Entsprechend dem Plan negativer Studentenkreise begannen am Sonntag, dem 17.11.1968, früh, die Studenten aller Fakultäten der Karls-Universität und der Hochschulen Prags in den Fakultätsgebäuden mit den angekündigten Sitzstreiks („Sit-ins"). Sämtliche Fakultätsgebäude waren am 17.11.1968, auch nachts, und im Verlaufe des heutigen Tages von den Studenten besetzt. – In diesen Gebäuden befinden sich auch westliche Journalisten.

Zu größeren Demonstrationen in den Straßen Prags kam es gestern und heute nicht. Es wurden gestern lediglich Gruppenbildungen von Studenten in Stärke bis zu 300 Personen festgestellt, die jedoch bei der Bevölkerung keine Resonanz hatten. Eine dieser Gruppen zog zu verschiedenen Plätzen Prags, bis sie abends vor dem Gebäude der Bezirksverwaltung des MdI[61] erschien, wo sie Angehörige der Miliz in Diskussionen verwickelte und gegen die Maßnahmen der Miliz zur Aufrechterhaltung von Ruhe und Ordnung protestierte. Von ca. 100 Personen dieser Gruppe wurden die Per-

61 MdI – Ministerium des Innern.

sonalien festgestellt, sechs bis sieben Personen wurden in Haft genommen. Gestern und heute wurde in Prag eine verstärkte Streifentätigkeit (Militär- und Milizstreifen) festgestellt.

Es ist bekanntgeworden, dass von Österreich aus Verbindungsleute nach Prag entsandt wurden, die die Aufgabe haben, Einfluss auf die Entwicklung der Lage in den Kreisen der studentischen Jugend zu nehmen bzw. sie zu bestimmten Aktionen zu veranlassen. Sie haben u. a. bereits an der Ausarbeitung von Resolutionen negativen Inhalts mitgewirkt.

In der Anlage – ein Schreiben der Studenten und Lehrkräfte der Ökonomischen Hochschule Prag an Dubček, in dem dieser aufgefordert wird, die bisherige „Reformpolitik" auf der Grundlage des Aktionsprogramms fortzusetzen, und – ein gemeinsamer Aufruf der Ökonomischen Hochschule sowie der Hochschule für Journalistik Prag an alle Professoren, Studenten und Beschäftigten der Hochschulen zu Streikaktionen in der ČSSR.

Die Information darf im Interesse der Sicherheit der Quelle nicht publizistisch ausgewertet werden.

Anlage 1 zur Information 1279/68

An das Plenum des ZK der KSČ | zu Händen des Genossen Dubček | Prag, den 14.11.1968

Wir Studenten und Lehrkräfte der Ökonomischen Hochschule Prag sind zusammengekommen, um unseren Standpunkt zur gegenwärtigen politischen Situation in unserer Republik im Zusammenhang mit der Plenartagung des ZK der KSČ zum Ausdruck zu bringen.

Die Ereignisse der letzten Wochen haben uns ernsthaft beunruhigt. Der Druck auf die Massenmedien verschärft sich, die Bestrebungen der Arbeiter hinsichtlich der Schaffung von Arbeiterräten gehen zurück, die Bewegungsfreiheit wird eingeschränkt und andere Anzeichen zur Rückkehr zu den Verhältnissen vor dem Januar drohen und treten auf. Es beginnen sich Praktiken der Kabinettpolitik zu zeigen. Das alles rufe bei den Menschen, die vor dem 21. August bereit waren, mit enormer Aktivität den Sozialismus zu errichten, der den spezifischen Bedingungen unseres Landes entspricht, Befürchtungen, Gefühle der Unsicherheit und Hoffnungslosigkeit hervor. Darüber braucht man sich nicht zu wundern. Wir sind Zeugen dessen, dass die führenden Persönlichkeiten unseres Landes trotz der ständigen Versicherungen der Treue zur Nachjanuarpolitik ein Zugeständnis nach dem anderen machen. Trotz der so wichtigen Tat, durch die das Vertrauen unseres Volkes zu erschüttern drohte, wie es die Unterzeichnung des Vertrages zwischen der Regierung der ČSSR und der Regierung der UdSSR war, ist das Vertrauen zu unseren Repräsentanten weiter vorhanden. Im Interesse der Festigung der Geschlossenheit zwischen dem Volk und der Führung des Staates und der KSČ verlangen wir, indem wir uns der Wichtigkeit des Novemberplenums für die weitere Entwicklung der souveränen[62] ČSSR sowie des bitteren Faktes der Stationierung der ausländischen Truppen bewusst sind, die Erfüllung folgender Forderungen:

1. Die Grundlage unserer Politik ist und wird das Aktionsprogramm der KSČ sein, das auf dem April-Plenum des ZK angenommen wurde.
2. Es kommt zu keiner Kabinett-Politik, vor allem wird der Informationsfluss in beiden Richtungen zwischen der Bevölkerung und der Parteiführung erneuert.
3. Die Einführung der Zensur in den Massenmedien ist zeitweilig unter der Bedingung, dass der Termin der Zeitweiligkeit genauer definiert werden muss. Das betrifft auch die Dauer der Stationierung der ausländischen Truppen in der ČSSR.
4. Die Versammlungs- und Vereinsfreiheit darf nicht angegriffen werden.
5. Es wird die Freiheit der wissenschaftlichen Forschung sowie der literarischen und kulturellen Äußerungen garantiert.
6. Die persönlichen und rechtlichen Sicherheiten der Bürger werden garantiert.
7. Diejenigen, die das Vertrauen verloren haben und noch nie in genügender Weise ihren Standpunkt erläutert haben (Biľak, Indra usw.), werden nicht in bedeutenden Funktionen bleiben.
8. Konsequente Einführung der Wirtschaftsreform.
9. Sicherung der freien Ausreise ins Ausland. Auf dem Gebiet der Außenpolitik darf

62 Im Dokument „souveränitären".

es zu keiner Partizipation in Aktionen kommen, die mit den Gefühlen des tschechoslowakischen Volkes, der UNO-Charta und der allgemeinen Deklaration der Menschenrechte im Widerspruch stehen.

Vom Plenum erwarten wir weiterhin:

1. Festlegung des Termins des Parteitages der tschechischen KP.
2. Festlegung des Termins der Fortsetzung des 14. Parteitages der KSČ.[63]
3. Festlegung des Termins der Ausschreibung der Wahlen zu den Vertreterorganen.
4. Festlegung des Termins der Aufnahme der Verhandlungen über den vollständigen Abzug der sowjetischen Truppen.

Des Weiteren wollen wir Euch über unser weiteres Vorgehen im Falle informieren, wenn unsere Forderungen nicht zufriedenstellend erfüllt werden. Unabhängig von der Erfüllung dieser Forderungen werden wir während des Plenums des ZK der KSČ in unserer Schule ständig mit den anderen Fakultäten Verbindung halten. Am Sonntag, dem 17.11.1968, kommen wir alle im Gebäude unserer Schule zusammen und werden auf die Informationen vom Stand des Plenums warten und entsprechend der Situation das weitere Vorgehen vereinbaren. In dem Falle, dass die Ergebnisse des Plenums unsere Forderungen nicht zufriedenstellen, besetzen wir die Schule und treten in einen Proteststreik. Unser Vorgehen wird ständig mit den Arbeitern der Prager Betriebe koordiniert sein und in voller Solidarität der Studenten mit den Lehrkräften unserer Schule erfolgen.

Die Studenten und Lehrkräfte der Ökonomischen Hochschule Prag. Prag 3, nam. G. Klimenta 4.

---

63 Die Einberufung des 14. Parteitages der KSČ war für den 9.9.1968 geplant. Aufgrund der Invasion der Truppen des Warschauer Paktes traten die bereits gewählten Delegierten schon am 22.8.1968 illegal im Prager Stadtbezirk Vysočaný zusammen. Es war eine der zentralen Forderungen der Okkupanten bei den Moskauer Verhandlungen nach dem 21.8.1968, dass die KSČ-Führung diesen Parteitag für illegal erklärte. Seine (erneute) Einberufung, von der die Reformer eine Bestätigung des Januarkurses erwarteten, wurde aus diesem Grunde immer wieder verzögert, bis im Rahmen der Normalisierungspolitik die Kräfteverhältnisse soweit zugunsten der moskautreuen Kräfte verschoben waren, dass der Parteitag 1971 den Kurs der Kollaboration Husáks bestätigte.

Diese Resolution wurde auf der Versammlung der Lehrkräfte und Studenten der Ökonomischen Hochschule am 13.11.1968 gebilligt.

Anlage 2 zur Information 1279/68

Aufruf und Resolution der Ökonomischen Hochschule und Resolution der Hochschule für Journalistik

Aufruf an alle Professoren, Studenten und Beschäftigten der Hochschulen

Die Studenten aller Hochschulen sind entschlossen, in den Streik zu treten, den sie als einen der äußersten Erscheinungen des Protestes unter folgenden Umständen betrachten:

1. Über einen Streik kann lediglich das Plenum des Aktionsausschusses der Prager Studenten abstimmen. Damit schließen wir die Möglichkeit des Streiks der gesamten Fakultät für spezifische Interessen der Fakultät, wie zum Beispiel Pressefreiheit Versammlungsfreiheit, Schutz der akademischen Funktionäre usw., nicht aus. Einen Streik auszurufen betrachten wir dann als zweckmäßig, wenn die politische Situation einer der folgenden potentionalen[64] adäquat ist:

    a) wenn die derzeitige politische Führung an der Spitze des Staates nur formal bleibt und aufgrund der Entwicklung der Situation zu weiteren politischen und gesellschaftlichen Zugeständnissen gezwungen wird. In diesem Falle rufen wir einen langandauernden Okkupationsstreik der Fakultät aus. Diese Form des Streiks rufen wir auch in dem Falle aus, dass sich die Arbeiter für einen Streik nicht entschließen, und zwar mit dem Vorbehalt, dass wir erst nach einer Vorkonsultation mit den Streikausschüssen der übrigen Fakultäten und den akademischen Funktionären zum Streik übergehen.
    b) Wenn sich die Arbeiter für einen Streik entschließen und damit ihre spezi-

64 Die vom MfS angefertigten Übersetzungen aus dem Tschechischen stellten rasch erstellte Arbeitsfassungen dar, deren Zuverlässigkeit vom Herausgeber der vorliegenden Edition anhand der Originale nicht geprüft werden konnte. Ihre sprachliche Qualität ist grob, teilweise flüchtig. „potentiale Situation" meint in diesem Falle wahrscheinlich mögliche Situationen im Sinne eines coniunctivus potentialis.

fischen Interessen und die gesamtnationalen politischen Interessen verteidigen, können sie damit rechnen, dass die Studenten aller Fakultäten ihren Streik unterstützen werden.

c) Wir sind entschlossen, auch unter den Umständen in den Streik zu treten, wenn der Zweite Unterzeichner des Moskauer Abkommens in irgendeiner Weise die vereinbarten Festlegungen verletzt. Auch für diesen Fall gilt das Statut des Okkupationsstreiks, der der einzige legale Ausdruck des Nichteinverständnisses ist, bei der es zu einem Zusammenstoß mit der militärischen Macht kommen kann.
d) In den Streik treten wir auch in dem Falle, wenn die persönliche Freiheit irgendeines akademischen Funktionärs oder Studenten eingeschränkt wird. Damit schließen wir uns der Resolution „über die Solidarität" an, die der Koordinierungsausschuss der schöpferischen Verbände herausgab.

Wenn das Plenum des Aktionsausschusses der Prager Studenten die Aufrufe des Streiks beschließt, dann kommen folgende Alternativen in Frage:

Generalstreik der Arbeiter und Studenten,
Okkupationsstreik, Okkupationsstreik der gesamten Fakultät.

Er wird vom Aktionsausschuss der Prager Studenten ausgerufen und geleitet und dauert bis zum Abbruch dieses Organs. Während des Ausnahmezustandes, der sich aus dem Streik ergibt, nehmen wir folgende Maßnahmen an:

a) Die Studenten werden die Fakultäten 24 Stunden während des gesamten Streiks kontrollieren.
b) Es müssen Einlassdienste organisiert werden.
c) Die festgelegten Fakultätsverbindungsgruppen werden Lebensmittel, Liegen und weitere Dinge, die für einen längeren Aufenthalt in der Fakultät notwendig sind, sichern. Wir rufen alle Studenten, die in dieser Richtung irgendetwas sichern können, auf, sich bei den Aktionsausschüssen in den Fakultäten zu melden.
d) Für einen längeren Aufenthalt in den Fakultäten im Falle der Ausrufung des

Streiks bereiten sich alle bereits am Sonntag, dem 17.11.1968 vor. Es ist erforderlich, dass jeder den Personalausweis und den Studentenausweis (Index) mitbringt.

e) Wenn jemand Zeuge der Festnahme eines Studenten der Fakultät oder Zeuge eines anderen Inzidents ist, ist er verpflichtet, das sofort dem Informationszentrum in der Fakultät für Sozialwissenschaften und Publizistik, Zimmer Nr. 105, zu melden. Wir erklären, dass wir entschlossen sind, uns im Falle des Überfalls der Fakultäten mit allen vorhandenen Mitteln zu verteidigen.

Die Resolution wurde von der Fakultät für Sozialwissenschaften und Publizistik der Karlsuniversität ausgearbeitet.

Dr. Bernd Florath, Historiker, langjähriger wissenschaftlicher Mitarbeiter bei der Behörde des Bundesbeauftragten für die Stasi-Unterlagen und der Robert-Havemann-Gesellschaft. Seit 2018 ist er Redaktionsmitglied der *Halbjahresschrift*.

E-Mail: bflorath@web.de

Zusammenfassung

Informationen der DDR-Staatssicherheit über die Lage in der ČSSR 1968 (II)

Die Dynamik, die Ideen und der Enthusiasmus des Prager Frühlings zogen 1968 auch die Blicke der DDR-Bewohner magnetisch an. Aus Sicht der SED und ihrer Geheimpolizei, dem Ministerium für Staatssicherheit (MfS), galt es zu verhindern, dass der gefährliche Funke von Prag in die DDR übersprang. Das MfS übermittelte der DDR-Führung daher wiederholt Berichte über die Entwicklungen im Nachbarland, wobei es sich unter anderem auf Informationen moskautreuer ČSSR-Geheimdienstmitarbeiter stützte. Diese Berichte offenbaren, was das MfS als sicherheitsrelevant und mitteilenswert erachtete, und zugleich reflektieren sie die transnationalen Verflechtungen der sozialistischen Gesellschaften. In der vorliegenden Nummer werden Berichte aus dem Zeitraum 30. August bis 18. November 1968 ediert, also nach der Besetzung der Tschechoslowakei durch Truppen mehrerer verbündeter sozialistischer Länder. In der vorherigen Ausgabe der Halbjahresschrift finden sich Berichte vom 10. März bis 23. August 1968 sowie eine ausführliche thematische und editorische Einleitung des Herausgebers Bernd Florath.

Abstract

Status Reports of the GDR Ministry for State Security on the Situation in the ČSSR in 1968 (II)

The dynamism, ideas and enthusiasm of the Prague Spring also attracted the attention of the inhabitants of the German Democratic Republic like a magnet in 1968. From the point of view of the ruling Socialist Unity Party of Germany and its secret police, the Ministry of State Security (MfS), it was necessary to prevent the dangerous spark from jumping from Prague to the GDR. The MfS therefore repeatedly submitted reports to the GDR leadership on developments in the neighboring country, relying, among other things, on information provided by intelligence officers loyal to Moscow within the Czechoslovak Socialist Republic. These reports reveal what the MfS considered to be security-relevant and worth sharing. At the same time, they reflect the transnational interdependencies of socialist societies. This documentation lists reports from 30 August to 18 November 1968, i.e. after the occupation of Czechoslovakia by troops from several allied socialist countries. The previous issue of the Halbjahresschrift contains reports from 10 March to 23 August 1968 as well as a detailed thematic and editorial introduction by the editor Bernd Florath.

Keywords: GDR, ČSSR, status reports, state security, 1968

Mariana Hausleitner: Eine Atmosphäre von Hoffnung und Zuversicht. Hilfe für verfolgte Juden in Rumänien, Transnistrien und Nordsiebenbürgen 1940–1944. Berlin: Lukas Verlag 2020. 294 S.

„Wer ein Menschenleben rettet, dem wird es angerechnet, als würde er die ganze Welt retten" – so steht es im Sanhedrin 37a des *Babylonischen Talmuds* geschrieben. Parallel hierzu die Verurteilung des Gegenteils: „Und wer ein Menschenleben zu Unrecht auslöscht, dem wird es angerechnet, als hätte er die ganze Welt zerstört." Während Letztere ihre Strafe erhalten, wird Ersteren „ein Platz in der kommenden Welt", dem messianischen Zukunftsland eingeräumt. Zahllose jüdische Leben wurden in den Pogromen der Antike, des Mittelalters und der Neuzeit ausgelöscht; während des Holocausts auf dem europäischen Kontinent wurde das jüdische Leben als solches bedroht.

1953 erhob die Knesset die Ehrung der „Gerechten unter den Völkern" zum Gesetz, und die im selben Jahr gegründete Gedenkstätte Yad Vashem sollte dafür sorgen, dass Helferinnen und Helfer von Verfolgten nicht in Vergessenheit geraten. Verfahrensrechtlich wurde die Ehrung ausschließlich nichtjüdischer Personen an Bedingungen geknüpft: Man brauchte eine exakte Schilderung der Rettungsaktion sowie den Nachweis, dass diese mit Risiko verbunden und ohne Gegenleistung durchgeführt worden war. Die meisten Vorschläge kamen verständlicherweise von Überlebenden und deren Nachfahren, in Einzelfällen konnten auch Archivrecherchen zweckdienlich sein. Trotzdem erwies sich das Konstrukt keineswegs als problemlos. So konstatiert die Historikerin Mariana Hausleitner in der Einführung ihrer Monografie *Eine Atmosphäre von Hoffnung und Zuversicht*, dass die Zahl von 66 anerkannten rumänischen Rettern, selbst wenn man sie um die 79 „Gerechten" aus der benachbarten Republik Moldau ergänzt, als „eher niedrig" betrachtet werden solle. Im Vergleich zu den entsprechenden Zahlen für Polen (6.800), die Niederlande (5.600) oder die Ukraine (2.634) und Ungarn (861) geben die rumänischen Daten allerdings nicht so sehr die realen Begebenheiten wieder als vielmehr den unzureichenden Forschungsstand. Unter anderem muss berücksichtigt werden, dass nicht alle, die ihren Mitmenschen seinerzeit geholfen haben, Yad Vashem überhaupt kannten oder einen Anspruch auf den Titel „Gerechte unter den Völkern" geltend machen wollten. Außerdem waren nicht alle Überlebenden imstande, die Geschichte ihrer Rettung plausibel zu doku-

mentieren. Die vergangenen Jahrzehnte bewirkten die weitgehende Historisierung des Themas, wodurch die Einordnung des Phänomens Lebensrettung in den sozialen und kulturellen Kontext erforderlich wurde.
Antisemitismus war – mit Blick auf den Zeitraum, den Mariana Hausleitners Band anspricht – vom Anfang an fester Bestandteil der rumänischen Politik, einerseits als staatlich diktierte Ausgrenzung der jüdischen Bevölkerung, andererseits als von Militärs und den Geheimdiensten geförderte Massenbewegung. Offiziell äußerte sich die Diskriminierung durch den „Status der Juden" vom August 1940, der die jüdische Religion nicht mehr als Konfession, sondern das Judentum als „Rasse" definierte und sogenannte Mischehen unter Verbot stellte. Implizit löste der gescheiterte Putschversuch der faschistischen Eisernen Garde im Januar 1941 pogromartige Ausschreitungen in Bukarest mit aus, bei denen 130 Juden ums Leben kamen. Dieses Ereignis bildete auch den traurigen Anlass zu den ersten Rettungsaktionen. Ein Ehepaar beherbergte beispielsweise eine vor der Eisernen Garde Schutz suchende jüdische Familie, ein Mann bot seinen Nachbarn Asyl, eine Frau nahm ihre schwerkranke jüdische Freundin auf und pflegte sie bis zu ihrem Tod. Diese rein altruistischen Hilfeleistungen wurden später durch Ehrungen anerkannt.
Anders als Ungarn, dem nach dem Zweiten Wiener Schiedsspruch Nordsiebenbürgen zugeschlagen wurde, verbuchte Rumänien diese Gebietsabtretung als empfindlichen Verlust, genauso wie die sowjetische Annexion von Bessarabien – eine Folge des Molotow-Ribbentrop-Paktes. Die Rivalität der kleineren Achsenmächte beeinflusste die Haltung zur Kriegsbeteiligung an der Seite von Hitlerdeutschland. Fühlte sich der ungarische Reichsverweser Miklós Horthy für die partielle Revision des Friedens von Trianon gegenüber dem Deutschen Reich zu Dankbarkeit verpflichtet, so erwartete der rumänische Staatsführer Ion Antonescu aufgrund seines militärischen Engagements territoriale Gewinne in Bessarabien als eine gewisse Entschädigung für den ungarisch gewordenen nördlichen Teil Siebenbürgens. Als „Zugabe" verwaltete Rumänien das gemeinsam mit der Wehrmacht eroberte Transnistrien mit Städten wie Odessa (ukr. Одеса, russ. Одесса) und Mogilew-Podolski (ukr. Могилів-Подільський, rum. Moghilău). Dieser geografische Raum, teils mit vielen dort ansässigen, teils dorthin deportierten Juden, lässt sich als Hauptschauplatz des rumänischen Holocausts definieren. Der Vernichtungskrieg gegen die jüdische Bevölkerung des Landes begann als Pogrom. Unmittelbar nach dem Vormarsch der rumänischen Armee am 22.

Juni 1941 bombardierten sowjetische Flugzeuge Jassy (rum. Iaşi, ung. Jászvásár). Als Vergeltung wurde daraufhin im jüdischen Viertel der Stadt eine Razzia angeordnet, in deren Verlauf plündernde Soldaten, Gendarmen und Zivilisten in nur wenigen Tagen fast 15.000 jüdische Bürger ermordeten. Die Zahl der Opfer übertraf nach Ende des Krieges 300.000.
All diejenigen, die damals Mitmenschen retteten, handelten in einem Umfeld, in dem dies keineswegs zur Norm gehörte. Vor allem in der ersten, „erfolgreichen" Phase des Krieges riskierten die „stillen Helden", die kleinen Leute, durch ihre Aktionen Leib und Leben. Auf das Verstecken von Juden stand die Todesstrafe, und Denunzianten fanden sich überall. Trotzdem versuchten einfache Bürger immer wieder, Verfolgten mit Obdach, Geld oder Lebensmitteln beizustehen. Bekannt wurden jedoch eher die Fälle, bei denen es nicht um Einzelne, sondern um größere Gemeinschaften ging. Als außergewöhnliche humanitäre Leistung dieser Art erwähnt Mariana Hausleitner die Rettung von 20.000 Czernowitzer Juden. In dieser Aktion zeichneten sich der deutsche Konsul Fritz Schellhorn und der Bürgermeister Traian Popovici durch Mut und Vernunft aus: Ihnen gelang es, dem Widerstand des Gouverneurs Calotescu trotzend, eine Liste von Juden zusammenzustellen, die in keinem Fall abtransportiert werden dürften, weil „ohne sie die Versorgung der Stadt zusammenbrechen würde". Selbst am Ort der Hoffnungslosigkeit, Mogilew-Podolski, gelang es dem Ingenieur Siegfried Jägendorf etwas zu vollbringen, das an ein Wunder grenzt: Er gründete eine Fabrik zur Reparatur der kriegsbeschädigten Elektrizitätswerke der Stadt. Die Erweiterung der Produktionsstätte erlaubte es, 500 jüdische Arbeiter zu beschäftigen und deren Familien vor der Deportation aus Czernowitz zu verschonen – eine Heldentat, die sich durchaus mit Oskar Schindlers Wagnis vergleichen ließe.
Wichtig für derartige Aktionen war die für Rumänien typische Rolle informeller Beziehungen innerhalb der politischen Elite. (So konnte Traian Popovici 20.000 Juden retten, weil er Ion Antonescu persönlich kannte.) Dasselbe Privileg besaßen die Anführer der beiden damals verbotenen Parteien. Iuliu Maniu von der Bauernpartei konnte in einem persönlichen Gespräch mit dem „Marschall" (Antonescu) sogar gegen die geplante „Rumänisierung der Wirtschaft", d. h. die Enteignung jüdischen Vermögens, argumentieren, während der Nationalliberale Constantin Brătianu schriftlich gegen die Deportation von 25.000 Roma protestierte. Dabei war es kein Zufall, dass größere Aktionen in Bukarest stattfanden, wo sich die meisten Diplomaten neutraler Staaten

sowie Vertreter des Roten Kreuzes aufhielten und wo die Verbreitung wichtiger Informationen kaum verhindert werden konnte. Hier entfaltete sich die Tätigkeit der jüdischen Hilfsorganisationen, so die eines Damenkomitees, deren Mitglieder unter anderem aus Spenden Bukarester Juden Kleider für Waisenkinder in Transnistrien sammelten und diese den Leidtragenden zukommen ließen. Was diese Sendungen bedeuteten, schilderte eine damals 14-jährige Überlebende in ihren Erinnerungen: „Alle hatten ein neues Aussehen, mit mehr Würde und menschlichen Zügen, und einige Mädchen waren sogar hübsch."

Mehr als die Deportation nach Transistrien mit ihren zigtausenden Opfern befürchtete man die Auslieferung der Juden direkt an das Deutsche Reich – eine Forderung, die Adolf Eichmanns Mitarbeiter, der in der deutschen Botschaft residierende „Berater für Judenangelegenheiten", Gustav Richter, beim rumänischen Regime wiederholt gestellt hatte. Spätestens nach der Schlacht bei Stalingrad, als die Wehrmacht die strategische Initiative endgültig verloren hatte und worüber sich Antonescu völlig im Klaren war, versuchte die rumänische Seite diese Aktion zu verschieben und dann endgültig abzusagen. Aus dieser Vorsicht, die mit Spekulationen über einen Separatfrieden verbunden war, versuchen heutige Verehrer des Kriegsverbrechers und leidenschaftlichen Judenfeindes eine Tugend zu machen. In Wirklichkeit ging es Antonescu und der ihn umgebenen Gruppe am Vorabend ihres Sturzes nur noch darum, den eigenen Kopf zu retten. Damals aber hofften viele Juden darauf, dass die Schwächung der Diktatur das Leben der noch Lebenden retten könnte. Vor allem die Zionisten schmiedeten Pläne über die Verschiffung einer größeren Zahl bedrohter Glaubensgenossen in die Türkei, um sie von dort nach Palästina weiterzubefördern. Das in Panik geratene Regime zeigte sich bereit, über 75.000 Juden aus Transnistrien freies Geleit zu gewähren – gegen ein Kopfgeld und ohne Übernahme der Fahrtkosten. Dieser unter Kriegsbedingungen ohnehin kaum umzusetzende Plan wurde verworfen und durch ein Projekt zugunsten von 5.000 Waisenkindern ersetzt. Letztendlich gelang es 3.000 Kindern und einigen aus Ungarn geflüchteten Juden, den Hafen Konstanza (rum. Constanța) zu verlassen.

Mariana Hausleitners mit eindrucksvollem Fotomaterial bereicherte Untersuchung überzeugt durch ihre Akribie und Präzision sowie den Quellenreichtum. Ergreifend sind die Schilderung der Einzelschicksale – sowohl der Retter als auch der Geretteten –, die zahlreichen Porträts und der Ausblick auf die Nachgeschichte: der ungerechte

Umgang des kommunistischen Rumäniens mit vielen der späteren „Gerechten", die als „klassenfremde Elemente" behandelt wurden und Repressalien ausgesetzt waren. Aber auch das Schicksal ehemaliger Opfer verlief ungünstig, sobald ihre Forderungen nach Restitution den Vorstellungen des Staates nicht entsprachen. Hinzu kamen das Verschweigen des Leidenswegs rumänischer Juden und die Bevormundung ihres konfessionellen und kulturellen Lebens. Es ist begreiflich, dass so viele der Überlebenden die Alija als einzigen Ausweg wählen konnten. Trotzdem gehört zu der tragischen Geschichte insofern Tröstliches, als es Menschen gab, die das Gebot der Nächstenliebe in Zeiten bewahrt haben, in denen der simple Anstand eine heroische Qualität enthielt.

György Dalos

Jörg Echternkamp (Hg.): Sozialistische Waffenbrüder? Rumänien und die DDR im Warschauer Pakt. Potsdam: ZMSBw (= Zentrum für Militärgeschichte und Sozialwissenschaften der Bundeswehr) 2020. 236 S.

Das Zentrum für Militärgeschichte und Sozialwissenschaften der Bundeswehr (ZMSBw) in Potsdam widmet sich wie seine Vorgängereinrichtung, das Militärgeschichtliche Forschungsamt, mit einem Forschungsschwerpunkt der Militärgeschichte der DDR. Dabei werden auch die bi- und multilateralen Beziehungen und Verflechtungen der DDR innerhalb des östlichen Militärbündnisses untersucht und Forschungsergebnisse veröffentlicht. In diesem Kontext publizierte das Zentrum für Militärgeschichte in seinen Schriftenreihen schon mehrfach Beiträge rumänischer Autorinnen und Autoren in deutscher Übersetzung und erschließt auf diese Weise dem deutschsprachigen Publikum Ausschnitte aus der rumänischen Zeitgeschichtsforschung. Mit dem nun erschienenen Sammelband *Sozialistische Waffenbrüder?* legt das Potsdamer Institut erstmals eine Publikation vor, in der das sozialistische Rumänien den thematischen Schwerpunkt bildet. Er präsentiert die Beiträge eines gemeinsamen Workshops von ZMSBw und dem Institutul pentru Studii Politice de Apărare şi Istorie Militară (Institut für verteidigungspolitische Studien und Militärgeschichte, ISPAIM), der im Februar 2019 in Bukarest stattfand; das ISPAIM untersteht dem rumänischen Verteidigungsministerium.

In der Einleitung erläutert der Herausgeber Jörg Echternkamp vom ZMSBw den methodischen Dreischritt des Bandes: Dessen erstes Kapitel fragt nach den „politischen Verflechtungen" der beiden militärischen Bündnispartner, während das zweite Kapitel anhand gemeinsamer Militärmanöver das konkrete Verhalten der Militärs beider Länder innerhalb des Warschauer Vertrags untersucht und das dritte Kapitel unter der Überschrift „Militärhilfe in Afrika und Nahost" militärische Auslandsaktivitäten beider Länder in den Blick nimmt.
In jedem der drei Kapitel sind Forscher beider Institutionen mit Beiträgen vertreten. Im ersten Kapitel arbeitet Rüdiger Wenzke präzise die widersprüchliche (Militär-) Politik der DDR in den 1970er-Jahren heraus, die ebenso von „Friedens- und Entspannungspolitik" wie von „Aufrüstung, Militarisierung, äußerer Abgrenzung und innerer Repression" geprägt war. Manuel Stănescu untersucht die ostdeutsch-rumänischen Beziehungen anhand der bilateralen Treffen der Verteidigungsminister beider Länder 1970, 1972 und 1982 und bescheinigt den politischen, wirtschaftlichen und militärischen Beziehungen beider Staaten in den 1970er- und 1980er-Jahren einen Aufschwung. Zugleich zitiert er aus einem bemerkenswerten, kontroversen Gespräch Ceaușescus mit DDR-Verteidigungsminister Heinz Hoffmann von 1982, das Differenzen in den militärpolitischen Auffassungen beider Staaten offenlegt. Klaus Storkmann charakterisiert in seinem gut durchdachten Beitrag die beiden Länder als „Verbündete auf Distanz"; die Distanz lag nicht nur in der geografischen Entfernung begründet, weshalb es in Fragen der strategischen und operativen Planungen ohnehin keine Berührungspunkte zwischen dem Hauptstab in Strausberg und dem Generalstab in Bukarest gab, sondern auch in den unterschiedlichen politischen Positionen zwischen der besonders sowjethörigen DDR und dem renitenten Rumänien. Gleichwohl riss die militärische Zusammenarbeit nie ab, die insbesondere in einer Kooperation auf dem Gebiet von Rüstung und Entwicklung neuer Militärtechnik bestand sowie dem Austausch von Rüstungsgütern, wobei die rumänischen Lieferungen an die DDR etwa sechs- bis zwölfmal so hoch waren wie umgekehrt.
Im zweiten Kapitel untersucht Christoph Nübel das Manöver „Waffenbrüderschaft 1970", das die Warschauer Vertragsstaaten damals in der DDR durchführten. Rumänien entsandte lediglich eine verknappte Panzerdivision mit 224 Mann zu dem Manöver, an dem insgesamt immerhin rund 72.000 Militärangehörige teilnahmen. Dem Beitrag gelingt es dank adäquater Methodik und Fragestellung, das Ringen um die

rumänische Manöverteilnahme als anschauliches Fallbeispiel für die „taktierende Souveränitätspolitik" Rumäniens darzustellen. Es werden die Strategien und begrenzten Möglichkeiten des Warschauer Pakts erkennbar, den unbotmäßigen und geschickt lavierenden südosteuropäischen Partner in die Bündnisdisziplin einzubinden. Der Beitrag von Sorin-Vasile Negoiţă veranschaulicht, wie Rumänien seine Manöververpflichtungen dadurch begrenzte, dass es seit 1965 nur noch an jährlichen „Kommando- und Generalstabsübungen auf der Karte" teilnahm, die zusammen mit Sowjets und Bulgaren in Neptun stattfanden, sowie Flottenübungen mit den beiden Ländern im Schwarzen Meer durchführte.

Im dritten Kapitel berichtet Sorin Cristescu detailreich über den ersten Auslandseinsatz der rumänischen Armee nach 1945: die Operation „Sirius", die Ausbildung von rund 300 Militärpiloten in Angola in den Jahren 1981 und 1982. Er verweist außerdem darauf, dass in den 1980er-Jahren mehrere Tausend Soldaten aus dem südlichen Afrika an rumänischen Militärschulen ausgebildet wurden, die dadurch auch in die Lage versetzt worden seien, „am Befreiungskampf teilzunehmen". Klaus Storkmann analysiert sorgfältig die DDR-Militärhilfen für Länder Afrikas und des Nahen Ostens und ordnet sie in den „Globalen Kalten Krieg" ein. Bemerkenswert ist, neben anderem, sein Befund, dass die östlichen Verbündeten ihre globalen Einsätze kaum koordinierten und beim Waffenexport sogar gegenseitiges Preisdumping betrieben.

Die Beiträge dieses Sammelbandes nehmen zum Teil selbst schon Vergleiche und Verflechtungen der ostdeutsch-rumänischen Beziehungen vor. Andere Beiträge fokussieren sich auf eines der Länder, doch werden die Leserinnen und Leser durch den Aufbau des Bandes in die Lage versetzt, selbst Vergleiche anzustellen oder Abgrenzung und Verflechtung festzustellen.

Während die deutschen Autoren umfangreiche Archivbestände ausschöpfen konnten, beklagen die rumänischen Autoren jeweils den derzeit noch restriktiven Zugang zu rumänischen Militärakten. Doch das scheint nicht der einzige Grund zu sein, weshalb jene Beiträge insgesamt leider weniger überzeugen als die der Potsdamer Kollegen. Man vermisst in den rumänischen Beiträgen, die dokumentarisch durchaus interessant sind, kritische Fragestellungen und weiterführende Analysen. So wäre im Kontext der rumänischen Militärhilfe für Drittstaaten eigentlich die Frage naheliegend, welche politischen oder wirtschaftlichen Interessen Rumänien hierbei verfolgte. Bei der Darstellung der drei bilateralen Treffen der Verteidigungsminister beider Länder überrascht, dass der Autor trotz der dürftigen Quellenlage davon ausgeht, dass es nur diese drei Treffen gegeben habe; und tatsächlich erwähnt der Beitrag von Storkmann weitere Treffen der beiden Verteidigungsminister. Auch unstimmige Details im selben Beitrag von Stănescu wie die Bezeichnung des bekannten britischen Rumänienexperten Dennis Deletant als „amerikanischer Historiker" verwundern. Der Beitrag von Negoiţă kompensiert die schwierige Quellenlage, indem er sich im Wesentlichen auf einen bereits um 1980 verfassten Bericht von Christopher Jones vom Harvard Russian Research Center über „Sowjetische Militärdoktrin und Warschauer Pakt-Übungen" stützt sowie auf Dokumente und Erinnerungen, die der frühere rumänische Verteidigungsminister Constantin Olteanu (1980–1985) 2005 und 2012 veröffentlichte, ohne dass eine erkennbar kritische Auseinandersetzung mit diesem Akteur und Zeitzeugen stattfindet.

Ein rund 90 Seiten umfassender Dokumententeil rundet den Band ab. Eine kleine Fotostrecke mit acht Bildern dient der Illustration, doch die Bildauswahl geht mitunter am Thema des Bandes vorbei, und das Foto des Treffens zwischen Honecker und Ceauşescu ist um zehn Jahre zu früh datiert. Aufschlussreich sind die als Faksimile abgedruckten Dokumente aus deutschen und rumänischen Archiven mit deutschen Übersetzungen der rumänischen Dokumente. Sie illustrieren und vertiefen einige der in den Beiträgen behandelten Aspekte.

Trotz der genannten Kritikpunkte bietet der Sammelband insgesamt einen wichtigen und beachtenswerten Beitrag für die Erforschung und das Verständnis der rumänischen Autonomiepolitik von den 1960er- bis zu den 1980er-Jahren.

Georg Herbstritt

Redaktion

Dr. Bernd Florath, Historiker, wissenschaftlicher Mitarbeiter bei der Behörde des Bundesbeauftragten für die Stasi-Unterlagen / Robert-Havemann-Gesellschaft

Dr. Georg Herbstritt, Historiker, wissenschaftlicher Mitarbeiter bei der Behörde des Bundesbeauftragten für die Stasi-Unterlagen

Dr. Florian Kührer-Wielach, Historiker, Direktor des Instituts für deutsche Kultur und Geschichte Südosteuropas an der LMU München (Herausgeber)

Dr. Michaela Nowotnick, Literaturwissenschaftlerin, wissenschaftliche Mitarbeiterin bei der Arno Schmidt Stiftung, Bargfeld

William Totok, freier Schriftsteller und Publizist, Berlin

PD Dr. Tobias Weger, Historiker, wissenschaftlicher Mitarbeiter am Institut für deutsche Kultur und Geschichte Südosteuropas an der LMU München